中学
Pocket Study
国語2年

意味は？

☆☆☆

一期一会

〈いちごいちえ〉

1 期…期間。「一期」は「一生」のこと。

意味は？

☆☆☆

一日千秋

〈いちじつせんしゅう〉
（にち）

2 秋…年。

意味は？

☆☆☆

一進一退

〈いっしんいったい〉

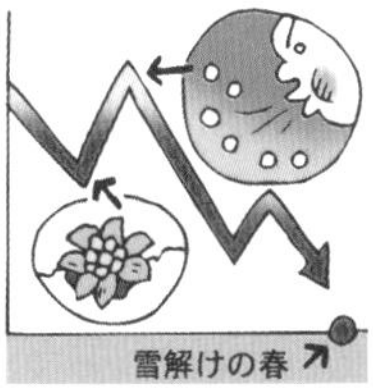

3 一…少し。

意味は？

☆☆☆

一石二鳥

〈いっせきにちょう〉

4 一…ひとつ。

意味は？

☆☆☆

一朝一夕

〈いっちょういっせき〉

5 夕…晩。

意味は？

☆☆

三寒四温

〈さんかんしおん〉

6 三…三日。

意味は？

☆☆

七転八倒

〈しちてんばっとう〉

7 転…ころぶ。

意味は？

☆☆☆

千載一遇

〈せんざいいちぐう〉

8 遇…思いがけなく出会う。

意味は？

☆☆☆

千差万別

〈せんさばんべつ〉

9 別…違（ちが）ったもの。

意味は？

☆☆☆

千変万化

〈せんぺんばんか〉

10 化…別のものに変わる。

意味は？

☆☆

百発百中

〈ひゃっぱつひゃくちゅう〉

11 中…当たる。

意味 生涯に一度だけの大切な出会いのこと。

ポイント

もともとは茶道の心得を表す言葉。どの茶会も一生に一度と思い，心を込めて臨むべきだという教えである。

使い方

- ミシン目で切り取り，穴をあけてリングなどを通して使いましょう。
- カードの表面には問題が，裏面にはその答えとポイントがあります。

意味 進んだり，戻ったりすること。

ポイント

「一進」(少し進む)⟷「一退」(少し退く)で，意味が対になる二字熟語を組み合わせた構成。

意味 非常に待ち遠しいこと。

ポイント

「千秋」は「千年」のこと。一日が千年もの長さに感じられるということからできた言葉。

意味 わずかな月日。

ポイント

「新薬の研究は一朝一夕では結果が出ない。」のように，下に打ち消しの言葉がくることが多い。

意味 一つの行為から，二つの利益を得ること。

ポイント

一個の石を投げて，二羽の鳥を同時に落とすことから。似た四字熟語に「一挙両得」がある。

意味 転げ回り，もがき苦しむこと。

ポイント

「七」「八」は数の多さを表す。何度も何度も転んだり倒れたりすることから，ひどく苦しむ様子を表すようになった。

意味 寒さが三日ほど続くと，暖かさが四日ほど続く，冬の気候。

ポイント

冬の間に寒暖が繰り返される現象を指す言葉。手紙では二月の時候の挨拶に使う。本来は冬の言葉だが，現在では春先に使われることもある。

意味 多くの種類や違いがあること。

ポイント

「千」「万」は数が多いこと，「差」「別」は違いを表すことから，「多くの違いがある」という意味を表す。

意味 めったにない，すばらしい機会。

ポイント

「千載」は「千年」のこと。千年に一度しか巡り会わないほどめったにない，すばらしい機会という意味を表す。

意味 予想などが全て当たること。

ポイント

「百発」は矢などを百回放つ，「百中」は百全て当たる，つまり，「矢などが全て命中すること」がもとの意味。

意味 さまざまに変化すること。

ポイント

「千」と「万」は数の多さ，「変」「化」は変わることから，目まぐるしく変わっていく様子を表す。

意味は？

☆☆☆

温故知新

〈おんこちしん〉

故…古い事柄(ことがら)。　×古

12

意味は？

☆☆

臥薪嘗胆

〈がしんしょうたん〉

薪…たきぎ。

13

意味は？

☆☆☆

画竜点睛

〈がりょうてんせい〉

睛…瞳(ひとみ)のこと。

14

意味は？

☆☆☆

玉石混交

〈ぎょくせきこんこう〉

玉…宝石。よいもののたとえ。

15

意味は？

☆☆

捲土重来

〈けんどちょうらい〉
（じゅう）

重…再び。

16

意味は？

☆☆☆

呉越同舟

〈ごえつどうしゅう〉

呉・越…昔の中国にあった国。

17

意味は？

☆☆☆

五里霧中

〈ごりむちゅう〉

霧…きり。　×夢

18

意味は？

☆☆☆

四面楚歌

〈しめんそか〉

楚…昔の中国にあった国の名。

19

意味は？

☆☆☆

切磋琢磨

〈せっさたくま〉

磋…磨(みが)く。

20

意味は？

☆☆☆

大器晩成

〈たいきばんせい〉

晩…時期が遅(おそ)い。

21

意味は？

☆☆☆

朝三暮四

〈ちょうさんぼし〉

暮…暮れ。夕方。

22

意味は？

☆☆☆

竜頭蛇尾

〈りゅうとうだび〉

尾…尻尾(しっぽ)。

23

意味 成功をするために，困難や苦労に耐えること。

ポイント
ある人は薪の上に寝て，ある人は苦い胆をなめることで受けた苦難を忘れず，やがて成功したという故事から。

意味 優れたものと劣ったものとが混じり合っていること。

ポイント
ある人が，本物とにせものを取り違え，玉と石をいっしょくたにする，と言ったことから。

意味 敵と味方が同じ場所にいたり，協力し合ったりすること。

ポイント
呉と越は仲が悪く，争いが絶えなかったが，同じ舟の上で暴風に遭ったら助け合うだろうと孫子が語った故事から。

意味 周りを敵に囲まれて孤立すること。

ポイント
楚の項羽が，漢軍に四方を囲まれた。漢軍が楚の歌を歌うのを聴いた項羽は，楚が漢に占領されたと嘆いた故事から。

意味 優れた人物は，立派になるまで時間がかかること。

ポイント
鐘や王室の宝である鼎などの大きな器は簡単には完成せず，長い年月をかけて作られることから。

意味 初めは盛んだが，終わりは勢いがなくなってしまうこと。

ポイント
頭は竜のように大きく立派なのに，尾は蛇のように細い様子から。

意味 昔の事柄を学ぶことで，新しい知識や考えを得ること。

ポイント
中国の思想家孔子の言葉をまとめた『論語』に記された言葉，「故きを温めて新しきを知れば，もって師たるべし。」からできた。

意味 物事を完成させるための，最後の大事な仕上げ。

ポイント
「点睛」は瞳を入れる，という意味。絵に描いた竜に瞳を入れると空に昇っていった，という故事から。

意味 一度敗れた者が，再び勢いを盛り返すこと。

ポイント
戦いに敗れた者に対して，「砂ぼこりをまき上げるような勢いで再起すればよかったのに」と歌った杜牧の詩からできた言葉。

意味 どうしたらよいか見当がつかないこと。

ポイント
後漢の張楷が五里(約20キロメートル)四方に霧を起こして姿をくらませる術をもっていた，という故事から。

意味 仲間どうしが励まし合い競い合って，向上すること。

ポイント
骨や象牙を切って磨いたり，玉や石を打ちたたいて磨いたりすることから。

意味 目先の違いにとらわれて，結果が同じであることに気づかないこと。

ポイント
ある朝，猿に「木の実を朝三つ，夕方四つやる」と言うと怒ったので「朝四つ，夕方三つ」と言ったら喜んだことから。

意味は？

☆☆☆

悪戦苦闘

〈あくせんくとう〉

24 悪…不利。

意味は？

☆☆☆

異口同音

〈いくどうおん〉

25 口…くち。　×句

意味は？

☆☆☆

以心伝心

〈いしんでんしん〉

26 以…～をもって。　×意

意味は？

☆☆☆

意味深長

〈いみしんちょう〉

27 深…ふかい。　×慎

意味は？

☆☆

花鳥風月

〈かちょうふうげつ〉

28

意味は？

☆☆☆

完全無欠

〈かんぜんむけつ〉

29 無…ない。

意味は？

☆☆☆

危機一髪

〈ききいっぱつ〉

30 髪…わずかな差のたとえ。

意味は？

☆☆☆

起承転結

〈きしょうてんけつ〉

31 承…受ける。

意味は？

☆☆☆

喜怒哀楽

〈きどあいらく〉

32 哀…かなしむ。

意味は？

☆☆☆

空前絶後

〈くうぜんぜつご〉

33 空…何もない。

意味は？

☆☆

公明正大

〈こうめいせいだい〉

34 大…堂々としていること。

意味は？

☆☆☆

言語道断

〈ごんごどうだん〉

35 道…言うこと。

意味 皆が同じことを言うこと。

ポイント

「異句同音」は誤り。「異口」はたくさんの「くち」。異なる多くの口で，同じことを言う(同音)，という意味。

意味 言葉や動作などの裏に，非常に深い意味が含まれていること。

ポイント

「意味深長」を「意味慎重」と書き間違えないように。「深長」は「深い含みがある」という意味。

意味 全く欠点がないこと。

ポイント

「完全」と「無欠」はどちらも「欠けたところがないこと」。意味が似ている二字熟語を組み合わせた構成。

意味 文章や物事を組み立てる順序。

ポイント

もとは漢詩の構成を表す語で，「起」で始め，「承」でそれを受け，「転」で内容を転じ，「結」で結ぶ形式を表した。

意味 過去・未来にわたって例のないこと。

ポイント

「空前」(今までに例がないこと)⟷「絶後」(今後二度と起こらないこと)という，意味が対になる二字熟語を組み合わせた構成。

意味 もってのほか。言葉も出ないくらいひどいこと。

ポイント

仏教の奥深い真理は，なかなか言葉では言い表せないことから。

意味 苦しみながら闘い，努力すること。

ポイント

「悪戦」と「苦闘」は，「苦しみながら闘うこと」。意味が似ている二字熟語を組み合わせた構成。

意味 黙っていても，気持ちが相手に通じること。

ポイント

言葉や文字では伝えにくい仏教の教えを，師から弟子の心へと伝えたことからできた言葉。

意味 自然の美しい風物のこと。

ポイント

「花」「鳥」「風」「月」の字が対等に並ぶ構成。自然の美しい風物をたしなむ風流な心，という意味もある。

意味 危険な状態がすぐそばまで迫っている様子。

ポイント

「危機一髪」を「危機一発」と間違えないように。髪の毛一本くらいのとても近くに危険が迫っている，という意味。

意味 人間のさまざまな感情。または感情の変化。

ポイント

喜び・怒り・哀しみ・楽しみなど，人のいろいろな感情を表す。四つの字が対等に並ぶ構成。

意味 公平で隠し立てをせず，正しいこと。

ポイント

似た四字熟語に「公平無私」がある。「公平で私情を挟まない」という意味。

意味は？

☆☆☆

時期尚早

〈じきしょうそう〉

36 尚…まだ。

意味は？

☆☆☆

自業自得

〈じごうじとく〉

37 業…自分に報(むく)いをもたらす行い。

意味は？

☆☆☆

針小棒大

〈しんしょうぼうだい〉

38 針…小さなもののたとえ。

意味は？

☆☆

晴耕雨読

〈せいこううどく〉

39 読…本を読む。

意味は？

☆☆☆

絶体絶命

〈ぜったいぜつめい〉

40 体…からだ。　×対

意味は？

☆☆

泰然自若

〈たいぜんじじゃく〉

41 泰…落ち着いている。

意味は？

☆☆☆

単刀直入

〈たんとうちょくにゅう〉

42 単…ただ一つ。　×短

意味は？

☆☆☆

東奔西走

〈とうほんせいそう〉

43 奔…勢いよく走る。

意味は？

☆☆

内憂外患

〈ないゆうがいかん〉

44 憂…心配する。　×優

意味は？

☆☆☆

付和雷同

〈ふわらいどう〉

45 付…つく。

意味は？

☆☆☆

無我夢中

〈むがむちゅう〉

46 夢…ゆめのようなもの。

意味は？

☆☆☆

有名無実

〈ゆうめいむじつ〉

47 実…中身。

意味 **自分が悪いことを行った報いを，自分で受けること。**

ポイント

もともとは仏教に関する言葉で，自分の善悪の行為によって起こる苦楽の結果を，自らが引き受けることを意味した。

意味 **世の中のことにしばられないで，自由きままに暮らすこと。**

ポイント

「晴耕」(晴れた日に田畑を耕す) ⟷「雨読」(雨の日に家で本を読む)で，意味が対になる二字熟語を組み合わせた構成。

意味 **落ち着いて物事に動じない様子。**

ポイント

「泰然」と「自若」はどちらも落ち着いて動じない様子を表す。似た四字熟語に「沈着冷静・冷静沈着」がある。

意味 **目的を達成するために，あちこち駆け回ること。**

ポイント

「奔」「走」は，どちらも走るという意味。「東」へ「西」へとあちこち走り回る様子を表す。

意味 **自分で考えず，人の意見に従うこと。**

ポイント

「付和雷同」を「不和雷同」と間違えない。「付和」は他人の意見に同調することを意味する。なお，「雷同」は，共鳴するという意味。

意味 **名ばかりで実質が伴わないこと。**

ポイント

「有名」(名は有る) ⟷「無実」(中身は無い) で，意味が対になる二字熟語を組み合わせた構成。

意味 **事をするには，時期がまだ早すぎること。**

ポイント

「時期」が「尚早」(まだ早い) のように，上の二字が主語，下の二字が述語の構成になっている。

意味 **小さなことを大げさに言うこと。**

ポイント

「針ほど小さい」ものを「棒ほど大きい」もののように語ることからできた。「針小」⟷「棒大」が対になっている。

意味 **追い詰められて，どうにもならない状態。**

ポイント

「絶体絶命」を「絶対絶命」と書かないように注意。「体」や「命」が「絶える」ほど厳しい状態にあることを表す。

意味 **ずばりと重要な点を突くこと。**

ポイント

「単刀直入」を「短刀直入」と書かないように。一本の刀(単刀)を持ち，一人で敵に切り込むことからできた語。

意味 **国内の心配事と，海外から受ける心配事。**

ポイント

「憂」「患」は，どちらも「心配する」という意味。

意味 **あることに心を奪われて，我を忘れること。**

ポイント

「無我夢中」を「無我無中」と書き間違えないように。無心になって(無我)，我を忘れる(夢中)という意味。

もくじ 三省堂版 国語2年

ステージ3　ステージ2　ステージ1

【図版提供】三省堂　【写真提供】ピクスタ　【イラスト】artbox

確認のワーク　ステージ1

名づけられた葉

学習のねらい
● 詩のリズムを感じ取ろう。
● 詩にこめられた作者のものの見方を読み取ろう。

解答 1ページ

教科書の要点

1 詩の種類　この詩に合うものに○をつけなさい。

● 用語…（ア 文語詩　イ 口語詩）
● 形式…（ア 定型詩　イ 自由詩）

2 表現　（　）に教科書の言葉を書き入れなさい。　教 p.16〜17

● **体言止め**…行末を体言（名詞）で止めて、余韻を残す。
例 第一連の「（①　　　）」
● **擬人法**…人間でないものを人間にたとえて表現する。
例 第一連で、「ポプラの葉」を、緑の「（②　　　）」にたとえている。
● **隠喩（暗喩）**…「ように」などを用いないでたとえる。
例 第二連で、「わたし」を「（③　　　）」「おさない葉っぱ」にたとえている。
● **倒置**…言葉の順序をふつうとは逆にして、印象を強める。
例 第三連の「考えなければならない／どんなに風がつよくとも」。

3 構成のまとめ　（　）に教科書の言葉を書き入れなさい。　教 p.16〜17

まとまり		内容
第一連	ポプラの葉	▼何千何万と芽をふいたポプラの木のいちまいの葉。→みな（①　　　）名で呼ばれる。
第二連	「わたし」	▼にんげんの歴史の幹から分かれた小枝にしがみついたいちまいのおさない葉っぱ。→でも、（②　　　）の名で呼ばれる。
第三連	「わたし」の生き方	▼誰の（③　　　）「わたし」独自の人生を生きなければならない。←比喩　「葉」のイメージ：・葉脈の走らせ方　・刻みのいれ方（対句）　・せいいっぱい緑をかがやかせてうつくしく散る法

おさえよう

主題　「ポプラの葉」も「わたし」も小さな存在だが、「わたし」は自分だけの名で呼ばれる〔ア ちっぽけな　イ かけがえのない〕存在だから、独自の人生を〔ア せいいっぱい　イ なんとなく〕生きなければならない。

知識の泉　漢字や語句のミニクイズです。勉強の合間に取り組んでみましょう。

基本問題

次の詩を読んで、問題に答えなさい。

教 p.16〜17

名づけられた葉

新川（しんかわ）　和江（かずえ）

ポプラの木には　ポプラの葉
何千何万芽をふいて
緑の小さな手をひろげ
いっしんにひらひらさせても
ひとつひとつのてのひらに
載せられる名はみな同じ　〈ポプラの葉〉

①わたしも
いちまいの葉にすぎないけれど
あつい血の樹液をもつ
にんげんの歴史の幹から分かれた小枝に
不安げにしがみついた
おさない葉っぱにすぎないけれど
わたしは呼ばれる
わたしだけの名で　朝に夕に

だからわたし　考えなければならない
誰のまねでもない
②葉脈の走らせ方を　③刻みのいれ方を
④せいいっぱい緑をかがやかせて
うつくしく散る法を
⑤名づけられた葉なのだから　考えなければならない
どんなに風がつよくとも

1 よく出る　①わたしも／いちまいの葉にすぎない　とは、どのような意味ですか。次から一つ選び、記号で答えなさい。

ア　自分もたくさんの仲間と一緒にいるという意味。
イ　自分も周りの行動に合わせているという意味。
ウ　自分も世界の中では小さな存在だという意味。
エ　自分も自然の一部として生きているという意味。

（　　）

2 ②葉脈の走らせ方　③刻みのいれ方　④せいいっぱい緑をかがやかせて／うつくしく散る法　とは、何をたとえた表現ですか。次の（　）にあてはまる言葉を書きなさい。

自分らしい（　　）と（　　）。

3 記述　⑤名づけられた……つよくとも　とありますが、ここには「わたし」のどのような気持ちが込められていますか。考えて書きなさい。

（　　）

攻略！「葉」に吹きつけるつよい「風」が何のたとえかを考えよう。

知識の泉　Q「日照」を「人造→人が造る」のように分解すると？

確認のワーク ステージ1

セミロングホームルーム

解答 1ページ | スピードチェック 2ページ | 予想問題 122ページ

学習のねらい
- 人物の設定の仕方と、人物どうしの関係を捉えよう。
- 表現や構成がどのように工夫されているかを考えよう。

漢字と言葉

1 漢字の読み　読み仮名を横に書きなさい。

*は新出漢字 ▼は新出音訓・◎は熟字訓

❶ *妙だ　❷ 抜け*殻　❸ 真*剣　❹ 大*爆笑　❺ 閉*鎖

2 漢字の書き　漢字に直して書きなさい。

❶（しんけん）な態度。　❷ 学級（へいさ）。　❸ 大（ばくしょう）。　❹（みょう）な話。　❺ 抜け（がら）を拾う。

3 語句の意味　意味を下から選んで、線で結びなさい。

❶ 硬直・　・ア 感情や感覚がこまやかなこと。
❷ 絶妙・　・イ 筋肉がこわばって動かなくなること。
❸ 繊細・　・ウ やかましく騒（さわ）がしいこと。
❹ 喧騒（けんそう）・　・エ 比べるものがないほど上手なこと。

教科書の要点

1 設定　（　）に教科書の言葉を書き入れなさい。　教 p.20〜27

① 時間と場所…四時間めの（　）中の教室。
② 登場人物
ⓐ（　）…この物語の語り手。
ⓑ トリノ（鳥野）…「私」の（　）の席の人物。
ⓒ 瀬尾（せお）くん…トリノの（　）の席の人物。
ⓓ 黒岩先生…担任の先生。

2 あらすじ　正しい順番になるように、1〜6の番号を書きなさい。　教 p.20〜27

（　）後ろに移動した黒岩先生が、瀬尾くんのセミに気づいた。

（　）セミから瀬尾くんを守る方法を考えていた私は、黒岩先生に叱られてしまった。

（　）トリノがセミを教室の外に逃がすことに成功した。

（　）トリノと私は、遅れて教室にやってきた瀬尾くんの背中にセミが止まっていることに気づいた。

（　）三人は瀬尾くんのセミをどうしようかと困り果てた。

（　）瀬尾くんがトリノに小さな声でお礼を言った。

知識の泉　**A 日照→日が照る。**　前後の漢字が，主語と述語の関係になっている。

3 構成のまとめ

（　）に教科書の言葉を書き入れなさい。 教p.20〜27

場面		瀬尾くん・セミ	「私」・トリノ・黒岩先生
発端（ほったん）	教はじめ〜p.22・⑯	四時間め・ロングホームルーム ●瀬尾くんが遅れて教室にやってきた。	トリノ「うお。」妙な声。 私 瀬尾くんの背中を見る。 ▼瀬尾くんの（①）の少し下に（②）が止まっていることに気づく。
展開①	p.22・⑰〜p.23・⑱	●瀬尾くんの性格 ・セミを（③）にできるタイプではない。 ・デリケート・控え（ひか）めで（④）。	私 〝とにかくここは（⑤）から瀬尾くんを守らなければ。〟 〝セミが急に鳴き始めたら、みんなが（⑥）。→避けたい。〟 トリノ（⑦）な表情でこの場を切り抜ける方法を考えている。
展開②	p.23・⑲〜p.26・③	●瀬尾くんが右手で左肩のあたりを触る。 ●セミは微動だにせず止まったまま。 セミ＝鈍感⇔瀬尾くん＝（⑧）	黒岩先生 司会を学級委員に任せて私とトリノの後ろに座る。 →「うおっ。」＝瀬尾くんの背中のセミに気づく。 私・トリノ・黒岩先生「ひゅっ。」と（⑨）をのむ。＝驚き・あせり 「ふううっ。」と（⑩）をもらす。＝安堵（あんど） 黒岩先生 教室の前に戻る。咳払い（せきばらい）＝「頼んだぞ。」という意味か？
山場	p.26・④〜p.26・⑮	トリノ ついに動く。 左の窓をゆっくり開ける。→音をたてないように立ち上がる。→瀬尾くんの背中に手を伸ばす。→セミをそっとつまんで外に放り投げる。 私 トリノ 〝やりましたよ、黒岩先生。〟	（⑪）でも交わ（か）したい心境。
結末	p.26・⑯〜終わり	●瀬尾くんが初めて振り返る。 小さな声だがはっきりと「（⑫）。」	私・トリノ 驚いてなにも言えない。 黒岩先生 立ったままのトリノに「座っていいぞ、鳥野。」＝妙な注意の仕方。

おさえよう

主題 〔ア おとなしい　イ 積極的な〕性格のクラスメイトが直面する〝危機〟を、なんとか救ってやろうとする、彼の〔ア 前　イ 後ろ〕の席に座る二人の心の動きや行動が、ユーモアを交えて描かれている。

知識の泉 Q 次の□にあてはまる漢字は？　真実を聞き、□の虫がおさまらなかった。

実力判定テストA　ステージ2

セミロングホームルーム

30分

自分の得点まで色をぬろう！
100点　合格！　80　もう一歩　60　がんばろう！　0
/100

解答 1ページ

次の文章を読んで、問題に答えなさい。

教 p.22・①〜23・⑩

そこには、大きなセミが止まっていた。

瀬尾くんの左肩の少し下に、こっそり止まっている、一匹のセミ。トリノと私の席の位置からしか見えない。ちなみに瀬尾くんの右隣の女子は、風邪で欠席である。

よく見かける普通のセミだけれど、私にはその名前、つまりセミの種類がわからない。だけど①トリノはわかっているはずだ。小六の夏休みに、トリノは「セミの一生」というタイトルで自由研究をしていた。あの夏、セミの体のつくりから抜け殻の見つけ方まで、彼は熱心に調べていたから。あの研究には金賞がついて、校外の展覧会に出品されたのだ。

瀬尾くんはどこからセミをつけてきたのか。保健室からこの教室までの道のりでいったい何が？　わからないけれど、セミは間違いなくここにいる。

先生たちは結果よりも経過が大切だと口をそろえて言うけれど、それは思うように結果が出なかったときの慰めであって、②真実ではないと思う。真実はこうだ。

結果と経過は同等に大切である。

つまり、「瀬尾くんの背中にセミ」という結果と、③「瀬尾くんの背中にセミ」という結果を生み出した経過は同等に大切なのであり……。

「竹内、ぼんやりするな。」

今度はソロで注意されてしまった。トリノが呆れ顔でゆっくりと首を左右に振る。

瀬尾くんがセミを連れてきたことが、クラスのみんなに知られたらと考えると、非常に気が重い。④瀬尾くんはセミをネタにできるようなタイプではないし、セオとセミとをかけて妙なあだ名が誕生してしまっても困る。とにかくここはセミから瀬尾くんを守らなければ。恐らくトリノもそう考えて、あえて口に出さなかったんだろう。トリノは真面目でいいやつだからな。

だいじょうぶ、時間はある。このロングホームルームの時間を利用して、対処方法を考えよう。

そう考えたとたんに、時間はそれほど残されていないかもしれないことに気がついた。

⑤セミが急に鳴き始めたらどうすれば？

突然ミーンミーンと鳴き始めたら、デリケートな瀬尾くんは、驚いてあられもない悲鳴をあげてしまうかも。いつも控えめで無口な瀬尾くんが、こんなところで妙な声をあげてしまったら、みんなが騒ぎ出すにちがいない。それは避けたい。この一匹のセミさんに、私たちの今日一日の運命がかかっている。

横を見ると、⑥トリノは真剣な表情をして、あごに手を当ててなにやら考えこんでいる。メガネの奥の目が、目の前のセミを鋭くにらんでいる。私よりもずっと頭のいいトリノは、頭をフルスピー

知識の泉　A　**腹。**「腹の虫がおさまらない」＝腹が立って我慢ができない様子。

ド で回転させ、うまくこの場を切り抜ける方法を探しているようだ。

〈戸森（ともり）しるこ「セミロングホームルーム」より〉

1 ①トリノはわかっているはずだ について答えなさい。

(1) トリノは何についてわかっているというのですか。（10点）

(2) 記述 「私」がそのように思ったのはなぜですか。簡潔に書きなさい。（15点）

2 ②真実ではない とは、何が真実ではないのですか。（15点）

攻略！ 直後に、そのように考える理由が書いてある。

3 ③「瀬尾くんの背中にセミ」という結果を生み出した経過 とありますが、このことについて「私」が抱いた疑問はどのようなものですか。次から一つ選び、記号で答えなさい。（10点）

ア セミは、いったい何が目的で瀬尾くんの肩に止まって教室までやってきたのだろうか。

イ 瀬尾くんは、なぜ自分の肩にセミが止まっていることに気づかないのだろうか。

ウ 保健室から教室までの間で何があって、どこから瀬尾くんはセミをつけてきたのだろうか。

エ 瀬尾くんが、教室までセミを連れてきたのは何が目的なのだろうか。

（　　）

4 よく出る ④瀬尾くんはセミをネタにできるようなタイプではない とありますが、この瀬尾くんの性格を表した言葉を文章中から六字の一語で抜き出しなさい。（10点）

5 よく出る ⑤セミが急に鳴き始めたら とありますが、セミが急に鳴き始めたらどうなると、「私」は予想していますか。［A］・［B］にあてはまる言葉を文章中から抜き出し、Aは五字、Bは八字で書きなさい。15点×2（30点）

セミの鳴き声に驚いた瀬尾くんが［A］てしまい、［B］。

A

B

6 ⑥トリノは真剣な表情をして……考えこんでいる とありますが、このとき「トリノ」は何を考えていたのですか。文章中から十四字で抜き出しなさい。（10点）

攻略！ 「突然ミーンミーンと鳴き始めたら」で始まる段落に注目しよう。

知識の泉 Q 「快調」の対義語は？

実力判定テストB　ステージ3

セミロングホームルーム

30分

自分の得点まで色をぬろう！
100点　合格！　80　もう一歩　60　がんばろう！　0　/100

解答 2ページ

★ 次の文章を読んで、問題に答えなさい。　教 p.25・⑱〜27・③

ロングホームルーム終了まで、あと二十分。残り時間は自習になりそうな気配だ。学級委員が優秀なので、ロングホームルームはいつも時間が余ってしまう。全然ロングじゃない。これが本当のセミロングホームルーム。

私が①ばかばかしい考えにとらわれているうちに、黒岩先生は窓の外をちらっと見ると、咳払(せきばら)いをしながら教室の前に戻っていってしまった。

②先生から「頼んだぞ。」と言われている気がした。

ついにトリノが動いた。左の窓をゆっくりと開け始めたのだ。静かに、静かに、トリノは自分側の窓が開くように、窓を滑らせている。がんばれ、トリノ。自習が始まってしまったら、クラスのざわめきが消えてしまう。

トリノは音をたてないように立ち上がると、瀬尾くんの背中にそろそろと手を伸ばし、そこに止まっているセミを、人さし指と親指とでそっとつまんだ。

そして次の瞬間、光の速さで外に放り投げた。

「ばいばい。」

途中まで身動きひとつしなかったセミは、放り出された空中で我に返ったように羽を広げ、ジジジッと鳴きながら、そのまま遠くまで飛んでいった。その去り際(ぎわ)の鳴き声は、クラスの③喧騒(けんそう)の中で無事にかき消された。

④セミから瀬尾くんを守りぬいた私たちは、握手でも交(か)わしたい心境で、詰(つ)めていた息を大きく吐き出したのだった。やりましたよ、黒岩先生。

そのとき、瀬尾くんが初めて振り返った。瀬尾くんはトリノを見たかと思うと、小さな声だったけれどはっきりと、

「ありがとう。」

そう言った。

⑤私とトリノは驚いて、なにも言えなかった。トリノは立ったまま座れなくなっている。

⑥「座っていいぞ、鳥野。」

黒岩先生が妙な注意の仕方をした。トリノは人さし指でずれたメガネを直すと、ようやく先生の言葉に従った。

〈戸森(ともり) しるこ「セミロングホームルーム」より〉

1 よく出る　①ばかばかしい考え　とありますが、どのようなことをばかばかしいと言っているのですか。次から一つ選び、記号で答えなさい。（10点）

ア　黒岩先生が早く教室の前に戻ればいいのにと願ったこと。
イ　ロングホームルーム終了まであと何分あるか考えたこと。
ウ　残りの二十分は自習になるだろうと楽観的に予想したこと。
エ　「セミ」に二つの意味を掛けただじゃれを思いついたこと。

（　　）

2　②先生から「頼んだぞ。」と言われている　とありますが、「頼んだぞ。」に対する答えにあたる一文を、文章中から抜き出しなさい。（10点）

（　　）

3　③喧騒　と似た意味の言葉を、文章中から四字で抜き出しなさい。（10点）

□□□□

4　記述　④セミから瀬尾くんを守りぬいた　とありますが、具体的にどんなことをしたのですか。簡潔に説明しなさい。（20点）

（　　）

5　よく出る　⑤私とトリノは驚いて　とありますが、二人はどのような事実に驚いたのですか。次の□A・Bにあてはまる言葉を考えて書きなさい。10点×2（20点）

セミのことには□A□と思っていた瀬尾くんが、実はちゃんと□B□という事実。

A（　　）
B（　　）

6　⑥黒岩先生が妙な注意の仕方をした。とありますが、このとき、黒岩先生はどのような気持ちだったと考えられますか。次から一つ選び、記号で答えなさい。（10点）

ア　担任教師として生徒の危機を救えなかったことを恥じ、自分の代わりに救ったトリノに対して後ろめたさを感じる気持ち。
イ　トリノがなぜ立ったまま席に座れなくなっているのか理由も考えずに、授業中の身勝手なふるまいに腹を立てる気持ち。
ウ　本来なら厳しく注意すべきところを、トリノの活躍に敬意を表して、今回は特別に見逃してやろうと思う気持ち。
エ　自分の頼みに応えて困難なことを成し遂げてくれたトリノの働きを、しっかりと受け止めたことを伝えたいと思う気持ち。

（　　）

7　レベルUP　トリノの人物像として適切なものを次から一つ選び、記号で答えなさい。（20点）

ア　どのような状況下でも失敗を恐れない、度胸のある人物。
イ　思いついたことをいきなり実行に移す、無鉄砲な人物。
ウ　的確に状況を判断して行動に移す、冷静沈着な人物。
エ　成功が確信できるまでは事態を静観する、慎重な人物。

（　　）

知識の泉　Q　「対等」の類義語はどっち？　ア＝平等　イ＝互角

確認のワーク ステージ1

言葉発見① 敬語の意味と種類

学習のねらい
●丁寧語・尊敬語・謙譲語について、そのはたらきを理解し、正しく使い分けよう。

解答 3ページ

基本問題

1 （　）に［　］から言葉を選び、書き入れなさい。

丁寧語	話し手が(①　　)（＝話し相手）に対して、敬意を表す敬語。
尊敬語	話題の中の動作・行為をする人に対して、(②　　)言い方をする敬語。
謙譲語	動作・行為の受け手に対して(③　　)言い方で敬意を表す敬語。

＊丁寧語の中には、「ご飯」や「お花」のように、「飯」や「花」を上品に表現する言葉があり、これを(④　　)という。

［美化語　目上の人　聞き手　へりくだった　高める］

2 次の文が丁寧な表現になるように、（　）に言葉を書き入れなさい。

① 今日は私が日直だ。→今日は私が日直(　　)。
② 交通ルールを守ろう。→交通ルールを(　　)。

3 尊敬語になるように、（　）に言葉を書き入れなさい。

お〜になる ご〜になる	読む→お読みになる 出席する→(①　　)
〜れる 〜られる	読む→読まれる 来る→(②　　)
特別な動詞	する→なさる　くれる→くださる 言う→おっしゃる　飲む・食べる→召し上がる 行く・来る・いる→(③　　)

＊この他に、「貴社」「山田様」などの表現もある。

4 謙譲語になるように、（　）に言葉を書き入れなさい。

お(ご)〜する	読む→(①　　)
特別な動詞	する→いたす　行く→参る・(②　　) 見る→拝見する　来る→参る いる→おる　聞く→うかがう 言う→申す・申しあげる 食べる・もらう→(③　　)

＊この他に、「小生」「弊社」「私ども」などの表現もある。
＊自分側の行為や物事などをへりくだって表現することで、聞き手に対する敬意を表すものもある。

5 次の――線の敬語の種類をあとから一つずつ選び、記号で答えなさい。

① 英語の先生が帰国される。（　）
② 校長先生のお話をうかがう。（　）
③ このたびは本当にありがとうございました。（　）
④ 田村さんに書類をお渡しします。（　）
⑤ あそこに見える建物が市民ホールです。（　）
⑥ どんな発表をなさるのですか。（　）
⑦ あなたがおっしゃることはもっともです。（　）
⑧ あなたのお母様がお待ちになっています。（　）
⑨ お待ちいただくよう父が申しておりました。（　）

ア 丁寧語　イ 尊敬語　ウ 謙譲語

6 次の（　）にあてはまる敬語を選び、記号で答えなさい。

① 小林様からケーキを（　）ました。（　）
ア もらい　イ 召（め）し上がり
ウ いただき　エ あげ

② 私から先生にお礼を（　）つもりです。（　）
ア おっしゃる　イ お話しになる
ウ 申しあげる　エ お話しくださる

③ 先生は旅行に（　）ますか。（　）
ア 参り　イ 伺（うかが）い
ウ 行き　エ いらっしゃい

攻略！ 相手の行為なら高め、自分側の行為ならへりくだって表そう。

7 よく出る 次の――線の敬語の使い方が正しいときは○を書き、誤っているときは正しく書き直しなさい。

① この座席は空いていらっしゃいますか。（　）
② 先着五名様に粗品（そしな）をさしあげます。（　）
③ 先生のお撮（と）りになった写真を私もご覧になりました。（　）

8 次の文を、敬語を使って書き直しなさい。

① 私が先生に明日の予定を言う。（　）
② 先生が明日の予定を言う。（　）
③ 先生がお弁当を食べる。（　）
④ お客様がくれたお菓子を食べる。（「食べる」のは自分。）（　）

確認のワーク ステージ1

グループディスカッション 互いの考えを尊重しながら話し合いを深める ほか

学習のねらい
● 話し合いを深めるためのこつを理解し、活用していこう。
● 相手の考えと比べながら発言を聞き、自分の考えをまとめよう。

解答 3ページ　スピードチェック 2ページ

漢字

1 漢字の読み　読み仮名を横に書きなさい。

*は新出漢字　▼は新出音訓・◎は熟字訓

❶ *鍛*錬　❷ 九分九*厘　❸ 休*憩　❹ *捻*挫
❺ 治*癒　❻ *矯正　❼ 親*戚　❽ *苗木
❾ *藍染め　❿ *巾着　⓫ 掃▼除　⓬ ▼並行
⓭ ▼器（訓読み）　⓮ ▼費やす　⓯ 小▼銭　⓰ ▼仲裁

2 漢字の書き　漢字に直して書きなさい。

❶ （かいちゅう）時計。　❷ 道路の（じゅう）滞（たい）。
❸ 作家の（かいこ）展。　❹ 荒れ地の（かいたく）。
❺ 危機を（こくふく）する。　❻ （おくびょう）な子犬。
❼ 小石を（ふ）む。　❽ 発言を（ひか）える。

教科書の要点

1 話し合いのこつ　次の話し合いの——線①〜④の発言は、どの「話し合いのこつ」にあたりますか。あとから一つずつ選び、記号で答えなさい。 教p.36

Aさん　①手書きの手紙のほうが心をこめて書いた感じがするから、お礼は、メールより手書きの手紙で伝えたほうがいいと思うな。
Bさん　②それって、手書きの手紙のほうが相手に思いが伝わりやすいってことだよね。
Cさん　③でも、手紙だと時間がかかるよ。メールは文字を入力して送信するだけだから、すぐに書けて、すぐに届けられるよ。
Dさん　④確かに、メールのほうがすぐに思いを届けられるっていうのはわかるよ。だけど、手紙には、受け取った相手が何度も読み返せるというよさもあるよね。……

ア　反対意見を述べる。　イ　詳しく言い換える。
ウ　考えを受け入れる。　エ　意見の理由を述べる。

①（　　）　②（　　）　③（　　）　④（　　）

「話し合いのこつ」を意識して発言すると、話し合いを深めることができるんだ。

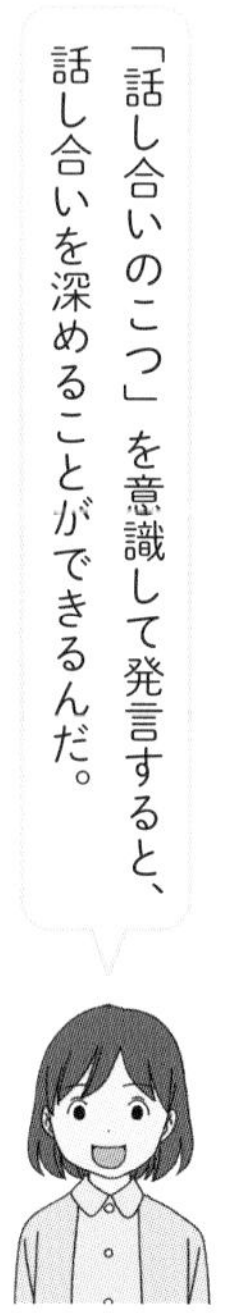

★ 基本問題

次は「海外の中学生に日本を紹介するとしたら、食文化がよいか、自然環境がよいか」というテーマで生徒たちが話し合っている場面です。これを読んで、問題に答えなさい。

山田　私は食文化がいいなあ。
桜井　私も絶対、食文化のほうがいい。
朝倉　どうして？
桜井　だって、食文化のほうが、日本らしさが伝わりやすいから。
山田　①それって、日本の食文化には、外国では珍しい日本独特のものが多いってことだよね。
朝倉　なるほどね。
小川　②でも、日本の食文化の特徴を伝えるのは、大変じゃないかな。
桜井　どうしてそう思うの？
小川　自然環境なら、写真を見てもらえばそのすばらしさは伝わると思うけれど、食文化の場合は材料や作り方、食べ方、味なども説明しないと伝わらないと思うし、もし味を伝えたいなら、実際の料理を用意する必要もあると思うから。
朝倉　［　］、食文化の場合は、準備が大変だってことだね。
山田　③確かに、自然環境を紹介するより準備に手間がかかるっていうのはわかるよ。じゃあ、伝えたいことを絞ったらどうかな。
朝倉　それならいいかもね。

1 テーマに対する桜井さんの(1)意見と(2)意見の理由を書きなさい。
意見は、次の言葉に続けて書きなさい。

(1)意見
・海外の中学生に日本を紹介するとしたら、
（　　　　　　　　）

(2)意見の理由
（　　　　　　　　）

攻略！ 「……から」という言い方に注目して、意見の理由を捉えよう。

2 ①それって、……ことだよね。②でも、……大変じゃないかな。③確かに……はわかるよ。の発言の「話し合いのこつ」とその効果について説明したものを次から一つずつ選び、記号で答えなさい。

ア　前の人の考えに対する反論を述べて、話し合いを深めている。
イ　前の人の考えを受け入れたことを示し、話し合いを進めている。
ウ　前の人の発言を詳しく言い換えて、わかりやすくしている。
エ　意見の理由を述べて、意見について考えやすくしている。

①（　　）　②（　　）　③（　　）

3 ［　］にはどのような言葉があてはまりますか。次から一つ選び、記号で答えなさい。

ア　けれども　　**イ**　例えば
ウ　なぜなら　　**エ**　つまり

（　　）

確認のワーク ステージ1

じゃんけんは、なぜグー・チョキ・パーの三種類なのか

学習のねらい
- 発展的な論の展開とは何かを正しく捉えよう。
- 「問い」と「答え」の関係に注目して、全体の構成を捉えよう。

解答 4ページ　スピードチェック 3ページ

漢字

1 漢字の読み 読み仮名を横に書きなさい。

＊は新出漢字
▼は新出音訓・◎は熟字訓

❶ ▼探る

2 漢字の書き 漢字に直して書きなさい。

❶ 秘密を（さぐ）る。

教科書の要点

1 話題 じゃんけんとは、どういうものですか。（　）に教科書の言葉を書き入れなさい。 教p.40

ちょっとしたことを決めるときに手を使って行う方法で、（　）・（　）・（　）の三種類で行い、グーは（　）に勝ち、チョキは（　）に勝ち、パーは（　）に勝つというルールで成り立っている。

2 要点 じゃんけんを三種類以外の手で行ったとしたらどうなりますか。（　）に教科書の言葉を書き入れなさい。 教p.41〜42

《二種類の場合（例グーとパーだけ）》

誰もが勝つためにパーを出し、パーの連続になる。

↓（　）ばかりで決着がつかない。

↓物事を決めるための手段としては（　）。

《四種類の場合（例グー・チョキ・パー・ピン）》

①【図2】のルール

パーとグー、チョキとピンの（　）がわからない。

↓じゃんけんにならない。

②【図3】のルール

●同じ勝敗数にならない↓（　）になる。

●ピンを出す意味がない↓（　）種類のじゃんけんと同じ。

3 結論 筆者はじゃんけんをどのようなしくみだと説明していますか。□に教科書の言葉を書き入れなさい。 教p.42

ルールは□だが、誰にも□に勝つチャンスがあるので、誰にも□のつけようのないしくみ。

知識の泉 A ア。「必然」＝必ずそうなること。「偶然（ぐうぜん）」＝思いがけずそうなること。

おさえよう

4 構成のまとめ

（　）に教科書の言葉を書き入れなさい。（各段落に1～11の番号を付けて読みましょう。）

教 p.40～42

まとまり	序論	本論	本論	本論	結論
	背景説明	本論1	本論1	本論2	じゃんけんのしくみとは
	問い	条件提示	問い①と解説	問い②と解説	
	1～3段落	4段落	5・6段落	7～10段落	11段落
内容	▼じゃんけん＝道具を使わずに、ほぼ（①　　）な決定ができる。 ↓ **問い** ・じゃんけんは三種類でなければならないのか。 ・他の種類では成り立たないのか。	▼じゃんけんが成り立つための**条件**＝（②　　）が平等に勝ったり、負けたりするという関係であるか。	**段階的な問い❶**「（③　　）種類だとどうか？」 **例**・グーとパーだけでじゃんけんをする。 **❶の問題点** ・誰もが勝つためにパーを出す。 ↓（④　　）ばかりで勝負がつかない。 ↓物事を決める手段としては（⑤　　）。	**段階的な問い❷**「（⑥　　）種類だとどうか？」 **例**・グー・チョキ・パーの他にピンという手を加えてじゃんけんをする。 **❷の問題点** 《図2のルール》 ↓（⑦　　）のわからない組み合わせができる。 《図3のルール》 ・全ての手の勝敗数が同じではない。 ↓（⑧　　）になってしまう。 ・ピンを出す意味がないので誰もピンを出さない。 ↓（⑨　　）種類のじゃんけんと同じこと。	◆三種類の手を使うじゃんけんは（⑩　　）なルールでありながら、**誰にも平等に**（⑪　　）があるため、誰にも（⑫　　）のつけようがないしくみである。

要旨 じゃんけんが成立するための条件は、〔ア 一部　イ 全て〕の手が平等に勝ったり、負けたりするという関係になっていることであるが、この条件を満たすためには、やはり手の数は〔ア 三　イ 四〕種類でなければならない。

知識の泉 Q 「思うようにいかずもどかしい」という意味のことわざは？　二階から□

実力判定テストA ステージ2

じゃんけんは、なぜグー・チョキ・パーの三種類なのか

30分

自分の得点まで色をぬろう!

合格! もう一歩 がんばろう

100点 80 60 0

/100

解答 4ページ

★ 次の文章を読んで、問題に答えなさい。 教p.41②〜42・⑭

じゃんけんが成り立つためには、全ての手が平等に勝ったり、負けたりするという関係であるかが重要な条件になります。

もし、二種類だとどうでしょうか。じゃんけんをグーとパーだけとか、パーとチョキだけとかの二種類で行うというものです。これは、じゃんけんとして成り立つでしょうか。

①この場合、例えばグーとパーだけなら、誰もが勝つためにパーを出します。グーを出す人はいません。ですから、パーの連続、つまり、あいこばかりで、いつまでたっても決着はつきません。②二種類のじゃんけんでは、物事を決めるための手段としては役に立たないということです。

それでは、四種類だとどうでしょうか。ここでは、グーとチョキとパーの他に、四種類めとして「ピン」というのを考えることにします。人さし指を一本だけぴんと立てたものです。この四種類でのじゃんけんを、例えば③図2のように示すと、四つが一組で、ぐるぐる回る関係となり、じゃんけんが成り立っているように見えます。

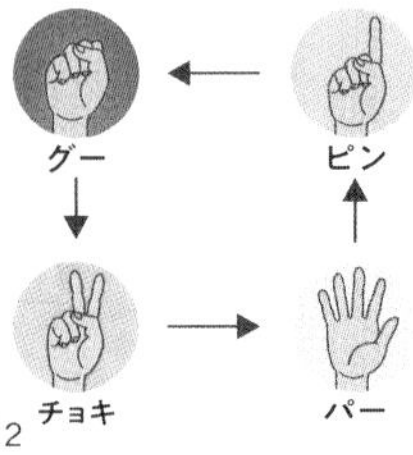

図2

しかし、これだけでは、じゃんけんにはなりません。パーとグーとの関係、チョキとピンとの関係がわからないからです。そこで、パーとグーとでは、普通のじゃんけんと同じように、パーが勝つとします。また、チョキとピンとでは、チョキが勝つとします。すると、四つの関係は、④図3のようになります。

ところが、これでは、不公平になってしまいます。チョキとパーは二つの相手に勝って一つの相手に負ける。グーとピンは一つの相手に勝って二つの相手に負けるからです。

そのうえ、よく考えてみると、このルールでは、ピンを出す意味が全くなくなります。ピンもパーも、グーに勝ってチョキに負けます。これでは、ピンに勝つパーを出すほうが有利です。それで、誰もピンを出さなくなれば、結局、三種類のじゃんけんと同じことになります。

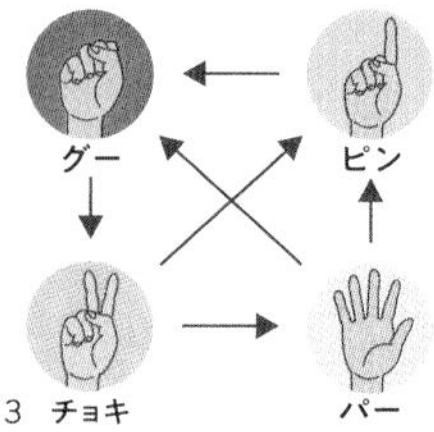

図3

グーがチョキに勝ち、チョキがパーに勝ち、パーがグーに勝つ。じゃんけんは、たったそれだけの単純なルールでありながら、誰にも平等に勝つチャンスがあり、ちょっとしたことを簡単に決めるためには、誰にも文句のつけようがないしくみなのです。

〈加藤良平「じゃんけんは、なぜグー・チョキ・パーの三種類なのか」より〉

1 じゃんけんが成り立つための条件とは、どんなことですか。「……こと。」につながるように、文章中から二十五字以上三十字以内で抜き出しなさい。（15点）

知識の泉 **A 目薬。** 二階から階下の人に目薬を差す様子を想像してみよう。

2 ①この場合　とありますが、どのような場合ですか。文章中の言葉を使って書きなさい。（10点）

（　　　　　）こと。

3 ②二種類のじゃんけんでは、物事を決めるための手段としては役に立たない　とありますが、それはなぜですか。次の文の（　）にあてはまる言葉を書きなさい。完答（15点）

誰もが（　　　　）ほうの手を出すので、あいこばかりになり、（　　　　）から。

攻略！ 直前に述べられている内容を捉えよう。

4 **記述** ③図2のように示す　とありますが、図2に示されたルールでじゃんけんが行われた場合、どうなりますか。理由も含めて書きなさい。（20点）

（　　　　　）

5 **よく出る** ④図3のようになります　とありますが、図3に示されたルールでじゃんけんが行われた場合はどうなりますか。次の□にあてはまる言葉を文章中から抜き出し、Aは三字、Bは二字で書きなさい。10点×2（20点）

全ての手における勝敗の数が同じにならないので［A］であるうえ、ピンを出す［B］がなくなり、三種類のじゃんけんと同じことになる。

A［　　　］　B［　　］

攻略！ あとに続く二つの段落で述べられている内容を捉えよう。

6 筆者はじゃんけんのしくみをどのように評価していますか。それがわかる一文を文章中から抜き出し、はじめの十字を書きなさい。（10点）

［　　　　　　　　　　］

7 **よく出る** この文章の論の展開を説明したものを次から一つ選び、記号で答えなさい。（10点）

ア　仮説を立て、それを実証するための調査結果を詳しく説明している。

イ　問いを示してそれに対する例をあげて検証し、最後に結論を述べている。

ウ　一般的な考えを提示し、それに反論する形で主張を述べている。

エ　はじめに意見を述べ、次にその裏付けとなる事実を説明している。

（　　）

知識の泉　Q　□にあてはまる共通の漢字は？　以□伝□

解答 5ページ | スピードチェック 3ページ | 予想問題 123ページ

確認のワーク ステージ1

人間は他（ほか）の星に住むことができるのか

学習のねらい
- 主張と例示との関係を意識して読み、内容を理解しよう。
- 構成や論理の展開とその効果について考えよう。

漢字と言葉

1 漢字の読み
読み仮名を横に書きなさい。

＊は新出漢字 ▼は新出音訓・◎は熟字訓

❶ ＊恵まれる ❷ 汚▼染 ❸ 食＊糧 ❹ ＊噴火
❺ ＊唯一 ❻ ▼姉▼妹 ❼ ▼和らげる ❽ ＊影＊響
❾ ＊堆積 ❿ ＊凍土 ⓫ ＊溶かす ⓬ ▼秘める

2 漢字の書き
漢字に直して書きなさい。

❶（こうずい）を防ぐ。 ❷（きせき）が起こる。
❸ 写真（さつえい）。 ❹ 目的地に（とうたつ）する。
❺ 空席が（う）まる。 ❻ ぐっすりと（ねむ）る。

3 語句の意味
意味を下から選んで、線で結びなさい。

❶ 探索（たんさく） ・　・ア 土砂（どしゃ）などが特定の場所に集積すること。
❷ 枯渇（こかつ） ・　・イ 様子をさぐり調べること。
❸ 堆積 ・　・ウ 水やものが尽きてなくなること。

教科書の要点

1 話題
地球が「奇跡の星」と呼ばれるのはなぜですか。（　）に教科書の言葉を書き入れなさい。 教p.44

太陽との（　）や地球自身の大きさや（　）など いろいろな条件が奇跡のように重なって、地球上に（　）が生まれ、育ってきたから。

2 内容理解
火星の現在の環境を述べたものとして適切なものを次から二つ選び、それぞれ記号で答えなさい。 教p.46〜48

ア 太陽に最も近い。
イ 大気がある。
ウ 地下に氷が埋まっている。
エ 重力が地球の六分の一。

（　）（　）

3 筆者の意見
筆者は地球についてどのように考えていますか。□に教科書の言葉を書き入れなさい。 教p.48

生命が育まれる条件がみごとにそろった［　］地球を［　］にしていくことが重要だ。

4 構成のまとめ

（　）に教科書の言葉を書き入れなさい。（各段落に1～17の番号を付けて読みましょう。）教p.44～48

	序論	本論	本論	本論	本論	結論
まとまり	奇跡の星「地球」	地球以外の惑星への移住の可能性を探る				かけがえのない星「地球」
段落	1～3段落	4～6段落	7～8段落	9段落	10～16段落	17段落
内容	「地球」＝いろいろな条件が重なり、（①　　）が生まれ、育ってきた奇跡の星。	条件＝地球からの距離・生きていける環境 月 ・地球から最も近い。 ・人間が既に（②　　）している。	金星 ・地球からの距離が近い。 ・重力…地球とほぼ同じ。 ↓「地球の（③　　）惑星」	水星 ・移り住める可能性のある距離。	火星 ・大気…薄いがある。 ・重力…地球の約四割。 ・一日の長さは地球とほぼ同じ。 ・水…かつて海や湖が存在。 ↓地下に（⑦　　）が存在。 ↕ 太陽から遠い。非常に寒い。	地球＝ ・生命が育まれる条件がそろった星。 ・（⑨　　）のない星。 ↓を大切にしていくことが重要。「奇跡の星」地球
	↕ この環境は永遠には続かない。 ↓ 問題提起 地球以外の星に住むことができるか。	↕ ・水…ほとんどない。 ・大気…ほとんどない。 ・重力…地球の六分の一程度。 ↓ 人間が生きていける環境の条件を満たさない。	↕ ・大気…ほとんどが（④　　）。 ↓（⑤　　）効果で表面温度が高い。 ↓蒸発。 水…確保が困難。	↕ ・太陽に最も近い。 ・大気…ほとんどない。 ↓（⑥　　）が昼と夜とで大差。 ↓水…確保が困難。	・大気を増やす ・地表温度を上げる 研究。→（数百年後）温暖な（⑧　　）と水をもった惑星になる可能性。	火星＝ いずれは（⑩　　）の「奇跡の星」になる可能性がある。

おさえよう

要旨

「〔ア 未来　イ 奇跡〕の星」と呼ばれる地球は、将来、人類が住めなくなるかもしれないが、月や金星、水星は人間が生きていける条件を満たしていない。火星は〔ア 大気　イ 二酸化炭素〕や氷が存在し、第二の「奇跡の星」となる可能性を秘めているが、まず、かけがえのない星である地球を大切にしていくことが重要だ。

知識の泉

Q 「木で□をくくる」「□が高い」に共通の漢字は？

実力判定テストA ステージ2

人間は他の星に住むことができるのか

30分

自分の得点まで色をぬろう！ /100

解答 5ページ

★ 次の文章を読んで、問題に答えなさい。 教 p.45・①〜46・⑨

人間が他の星に移り住むためには、「地球からの距離」と「①生きていける環境」が重要な条件になります。

最初に、月はどうでしょうか。月は地球から最も近い天体であり、人間が既に到達したことがある唯一の星です。

しかし、残念ながら月には水も大気もほとんどありません。水は、人間の体をつくるものであり、水がない環境では人間は生きてはいけません。また、大気というのは、熱を逃さない毛布のような役割を果たします。大気がないと、その星の温度は急激に下がったり、上がったりしてしまうため、安定しません。②大気がない星というのは、人間が生きていくには厳しい環境だといえます。そのうえ、月は重力も地球の六分の一程度しかありません。したがって、③月は人間が生きていける環境の条件を満たしていません。

次に、地球からの距離が近い金星はどうでしょうか。金星は大きさや質量が地球に近いので、重力も地球とほぼ同じです。④「地球の姉妹惑星」と呼ばれるほどです。もし人間が金星に住んでも、重力の変化による体の負担はほとんどないと考えられます。

また、金星には、月にはなかった大気もあります。ただし、その九六パーセントが二酸化炭素でできています。そのため、二酸化炭素による温室効果によって、金星の表面温度は五〇〇度近くもあり、たとえ水があったとしても、全て蒸発してしまいます。

人間が生きていくために欠かせない⑤水を確保することは難しいようです。

地球からの距離という点では、水星も移り住める可能性がある星です。しかし、水星は太陽に最も近く、大気もほとんどないので、表面温度が昼間は四〇〇度、夜にはマイナス一七〇度にもなります。⑥この厳しい環境では、やはり水を確保することはできません。

〈渡部(わたなべ) 潤一(じゅんいち)「人間は他(ほか)の星に住むことができるのか」による〉

1 よく出る ①生きていける環境 とありますが、人間が生きていくためには水の他に何が必要ですか。文章中からあと二つ抜き出しなさい。 5点×2（10点）

2 ②大気がない星というのは、人間が生きていくには厳しい環境だといえます。について答えなさい。

(1) 大気は何にたとえられていますか。文章中から八字で抜き出しなさい。 （10点）

(2) 大気がないと惑星はどうなりますか。説明しなさい。 （10点）

攻略！ 直前の、具体的な説明に注目しよう。

知識の泉 A 鼻。「木で鼻をくくる」＝冷淡にあしらう。「鼻が高い」＝得意な様子。

3 記述 ③月は人間が生きていける環境の条件を満たしていません とありますが、どのような点が不適切なのですか。三十五字以内で説明しなさい。（20点）

攻略！ 第三段落の月の環境について述べている部分に注目しよう。

4 ④地球の姉妹惑星 とありますが、金星のどのような点が地球と姉妹のようだといわれるのですか。次から二つ選び、記号で答えなさい。 5点×2（10点）

ア 地球からの距離が最も近いという点。
イ 地球と同じ成分の大気が存在するという点。
ウ 大きさや質量が地球に近いという点。
エ 水があるという点。
オ 重力が地球とほぼ同じという点。

（　）（　）

5 よく出る ⑤水を確保することは難しい のはなぜですか。その理由を説明した次の文の［　］A～Cにあてはまる言葉を文章中から抜き出し、Aは五字、Bは四字、Cは二字で書きなさい。 5点×3（15点）

金星の大気はほとんどが［A］でできているため、［B］によって金星の表面温度は五〇〇度近くになっており、水があっても全て［C］してしまうから。

A［　］
B［　］
C［　］

6 ⑥厳しい環境 とありますが、水星の厳しい環境について具体的に説明した一文を文章中から抜き出し、はじめと終わりの五字を書きなさい。（句読点も字数に含みます。）（15点）

［　］～［　］

7 この文章の内容として適切なものを次から一つ選び、記号で答えなさい。（10点）

ア 金星は、現在の状況では人間が移住できるものではないが、水星と比べると改善が見込める星である。
イ 月には水も大気もないが、地球から最も距離が近く、人間が到達したこともあるという点では移住の可能性がある。
ウ 水星は水や大気がないということよりも、太陽に最も近いということのほうが問題である。
エ 月や水星は距離の点では移住可能でも、ともに大気がほとんどなく、水の確保も難しいことから、移住には適さない。

（　）

知識の泉 Q「原因」の対義語は？

実力判定テストB　ステージ3

人間は他(ほか)の星に住むことができるのか

30分

自分の得点まで色をぬろう！　0　60　80　100点　/100

解答　5ページ

★ 次の文章を読んで、問題に答えなさい。　教 p.46・⑩～48・⑦

それでは、地球のすぐ外側を回っている火星はどうでしょうか。まず、①火星には大気があります。大気はとても薄いのですが、人体にとって有害な宇宙線などを多少なりとも和らげることができます。次に、重力はどうでしょうか。火星の重力は地球の約四割といわれます。この火星の重力が人間の健康にどれほど影響を及(およ)ぼすのかは、実はまだよくわかっていません。ただし、月の重力と比べれば、火星では比較的安定して暮らすことができそうです。それから、火星の一日の長さが地球の一日に近いことは利点です。このことによって、もし人間が移り住んでも、②体内時計を大きく変えることなく生活できます。

では、火星には人間が生きていくために必要な水はあるのでしょうか。

アメリカは長年、火星探査を行ってきました。その結果、火星には表面に川のような地形があることがわかってきました。

③探査機が火星を撮影した写真を詳しく見ると、川の流れによって深くえぐれたと思われる部分や、その堆積物がありそうなことがわかりました。また、高原地帯には「チャネル」と呼ばれる曲がりくねった地形もたくさん見つかりました。④これは、一時期に大量の水が流れ出てきたのではないかと考えられました。

一九九七年には、探査機マーズ・パスファインダーが火星着陸に成功し、形の細長い岩が同じ方向を向いているのを発見しました。これは、⑤以前に洪水が起こったと考えられる決定的な証拠となり、火星にもかつて海や湖があったことが証明されました。そして、二〇〇九年、探査機フェニックスが、かつて火星に存在した水の一部が、地下に永久凍土として埋まっていることを確認しました。火星は太陽から遠いため、表面に届く太陽のエネルギーの量は、地球に届く量の半分程度しかありません。そのため、火星は地球と比べて非常に寒く、平均表面温度はマイナス四三度、最低温度はマイナス一四〇度にもなります。それで、⑥火星の水は氷として地下に眠っているわけです。

この氷を溶かして水にすることができたら、私たちが火星に移り住む可能性は広がります。

〈渡部(わたなべ)　潤一(じゅんいち)「人間は他(ほか)の星に住むことができるのか」による〉

1 よく出る　①火星には大気があります　とありますが、大気があることでどのようなことが期待できますか。文章中から三十字以内で抜き出し、はじめと終わりの五字を書きなさい。（15点）

□□□□□ ～ □□□□□

2 よく出る ②体内時計を大きく変えることなく生活できます とありますが、これはなぜですか。説明しなさい。（15点）

3 ③探査機が火星を撮影した写真 から、どのようなことが判明しましたか。二つ書きなさい。5点×2（10点）

4 ④これ とは何を指していますか。文章中から抜き出しなさい。（10点）

5 ⑤以前に洪水が起こったと考えられる決定的な証拠 について答えなさい。

(1) この証拠は、探査機のどのような発見から導かれたのですか。（15点）

(2) この証拠から、どのようなことが証明されましたか。文章中から抜き出しなさい。（15点）

6 ⑥火星の水は氷として地下に眠っている のはなぜですか。理由を次から一つ選び、記号で答えなさい。（10点）

ア 大気が薄く地表の水分が蒸発してしまったから。
イ 地殻変動で水が地下に流れ込んでしまったから。
ウ 太陽のエネルギーがあまり届かず表面温度が低いから。
エ 重力の影響で水が地表にとどまれなかったから。

7 レベルUP 筆者が、火星が移住先になり得ると判断したのはどのような点からですか。次から一つ選び、記号で答えなさい。（10点）

ア 火星が地球から遠く、大気や水があり、重力が地球の四割程度で、一日の長さが地球とほぼ同じである点。
イ 火星が地球から近く、重力が地球の四割程度で、一日の長さが地球とほぼ同じで、大気や、水となり得る氷がある点。
ウ 火星が地球から近く、大気はないが、かつて海や湖が存在し、重力が地球とほぼ同じで、一日の長さが地球より長い点。
エ 火星が太陽に近く、一日の長さが地球とほぼ同じで、重力が地球より大きく、かつて大気や水が存在した点。

知識の泉 Q 「募金」を「洗顔→顔を洗う」のように分解すると？

確認のワーク ステージ1

手紙・メール 心をこめてわかりやすく書く
言葉発見② 言葉のはたらきとコミュニケーション ほか

解答 6ページ スピードチェック 3ページ

学習のねらい
- 伝えたいことや気持ちを明確にし、手紙の形式をふまえて書こう。
- 読み手の立場に立ち、わかりやすく伝わるように、文章を整えよう。

漢字と言葉

1 漢字の読み 読み仮名を横に書きなさい。

＊は新出漢字 ▼は新出音訓・◎は熟字訓

❶＊契約 ❷＊扇風機 ❸＊恒星 ❹＊苛＊酷 ❺＊隆起 ❻＊尚早 ❼中＊枢 ❽＊盲点 ❾＊削除 ❿肥＊沃 ⓫▼厳か ⓬▼滋養

2 漢字の書き 漢字に直して書きなさい。

❶（がいとう）者を探す。 ❷（かじょう）に生産する。 ❸食費を（けんやく）する。 ❹記念品の（しんてい）。

3 言い方 友達に何かを頼むときは、どのような言い方をしたらよいですか。次から一つ選び、記号で答えなさい。

ア 相手に強く押しつけるような、直接的な言い方。
イ 願望を述べる表現で、相手に配慮を示す言い方。
ウ 相手の都合を考えずに、考えを主張する言い方。
エ 敬語表現を用いて、相手に命令する言い方。 （　）

教科書の要点

1 手紙の形式 手紙の形式をまとめた次の表の（　）に、教科書の言葉を書き入れなさい。 教p.54

1	前文（はじめの挨拶）	●頭語（「拝啓」「拝復」「前略」など） ●（①　）・安否の挨拶 ●自己紹介（必要な場合のみ）
2	主文（手紙の中心となる部分）	●書き起こし（例「さて」「つきましては」など、本題に入ることを示す言葉） ●本文（手紙の（②　）を述べる部分）
3	末文（結びの挨拶）	●結びの言葉（お礼や、相手の（③　）を気づかう言葉で終える。） ●結語（「拝啓・拝復」に対しては「敬具」、「前略」に対しては、「（④　）」などを使う。）
4	後付け	●日付 ●署名 ●（⑤　）

頭語によって結語が変わることに気をつけて書こう。

知識の泉 A **募金→金を募る。** あとの漢字が前の漢字の目的や対象を示す関係。

★ 基本問題

次の「手紙の例」を読んで、問題に答えなさい。

拝啓　A 。コミュニティセンターの職員の皆様にはお変わりなくお過ごしでしょうか。

地域交流会でお世話になりました、○○中学校二年の佐野明です。その折は、地域で行われている文化活動の現状や課題について、さまざまな話をお聞かせいただき、ありがとうございました。

さて、○○中学校では、来る△月△日に、吹奏楽部の演奏会を行います。今年度の全国コンクールの課題曲と自由曲に加えて、恒例のマーチも演奏します。午前十時から十一時半まで体育館で行う予定です。お忙しいこととは存じますが、ご都合がつきましたら、 B 。

発表会当日は、正門横に受付を設けますので、そちらにお立ち寄りください。係の生徒がご案内いたします。

コミュニティセンターの職員の皆様にまたお会いできますことを、クラス一同、心より楽しみにしております。

梅雨冷えで肌寒い日もありますので、どうか風邪など召されませんようにお過ごしください。

C

D

E

F

1 この手紙は、六月中旬に出されるものです。 A には、どのような時候の挨拶があてはまりますか。次から一つ選び、記号で答えなさい。

ア　強い日差しを浴びて、ひまわりが咲いています。
イ　落ち葉が風に舞う季節となりました。
ウ　雨にあじさいの花が鮮やかに映えています。
エ　みずみずしい若葉がまぶしい季節となりました。

（　　）

2 B には、相手に来てほしいことを伝える言葉があてはまります。考えて書きなさい。

（　　　　　　　　）

3 よく出る　 C にあてはまる結語を漢字二字で書きなさい。

（　　）

4 「後付け」の D ～ F にあてはまる項目として、適切な組み合わせを次から一つ選び、記号で答えなさい。

攻略！　頭語の「拝啓」に対応する結語を答えよう。

ア　D署名　E宛名　F日付
イ　D日付　E署名　F宛名
ウ　D宛名　E日付　F署名
エ　D署名　E日付　F宛名

（　　）

5 手紙の書き方について説明したものとして適切でないものを次から一つ選び、記号で答えなさい。

ア　手紙の形式に従って書く。
イ　相手や目的に応じて、わかりやすく正確に書く。
ウ　普段使っている話し言葉を用いて書く。
エ　伝えたい気持ちを、心をこめて書く。

（　　）

知識の泉　Q「救済や改善の見込みがなく見放す」という意味の慣用句は？　□を投げる

確認のワーク ステージ1

短歌の世界／短歌十首

学習のねらい
- 短歌のリズムや表現技法など、短歌について理解しよう。
- 心情や情景の描写に着目して、短歌の世界を味わおう。

解答 6ページ スピードチェック 4ページ 予想問題 124ページ

漢字

1 漢字の読み 読み仮名を横に書きなさい。

＊は新出漢字 ▼は新出音訓・◎は熟字訓

❶ ＊恋する ❷ 投＊稿＊欄 ❸ ＊珍しい ❹ ＊磨く
❺ ＊魔法 ❻ 状＊況 ❼ ＊絞る ❽ ＊繰り返し

2 漢字の書き 漢字に直して書きなさい。

❶ （じょうきょう）の変化。 ❷ 新聞の（とうこうらん）。
❸ （まほう）使い。 ❹ （みな）さんの力。
❺ 雑巾を（しぼ）る。 ❻ 窓を（みが）く。

教科書の要点

1 短歌の形式 （ ）①〜⑥には漢数字、⑦〜⑨には教科書の言葉を書き入れなさい。 教 p.63

・短歌は、（①　）・（②　）・（③　）・（④　）・（⑤　）の五句（⑥　）音の言葉で表現される定型詩。
・基本の音数より多いものを（⑦　）、少ないものを（⑧　）という。
・言葉のつながりや意味の切れめとなるところを（⑨　）という。

2 表現技法 ［　］から言葉を選び、書き入れなさい。

表現技法	はたらき
①（　）	他のものにたとえて印象を強める。
②（　）	結句を体言（名詞）で止めて余韻を残す。
③（　）	同じ言葉を繰り返して意味を強め、リズムを生む。
④（　）	言葉を形や意味が対応するように並べて、意味を強調したり調子を整えたりする。

［対句　比喩　体言止め　反復］

知識の泉 **A さじ。** 〈例〉私のあまりの不器用さに，親切な兄もついにさじを投げた。

3 短歌の鑑賞

（　）に教科書の言葉を書き入れなさい。教 p.61～65

俵万智の歌

〈大意〉「寒いね」と言えば「寒いね」と答えてくれる人がいることで心は①（　　）ものだ。

〈表現〉反復…「寒いね」の繰り返し。体言止め。

栗木京子の歌

〈大意〉観覧車よ回れ。あなたには単なる②（　　）の想い出でも、私には③（　　）の想い出となるのだ。

〈表現〉二句切れ。対句…第四句と結句。体言止め。

正岡子規の歌

〈大意〉二尺ほど伸びた赤い薔薇の新芽の柔らかそうな④（　　）に、やさしく春雨が降り注いでいる。

〈表現〉「の」の繰り返しが柔らかなリズム感を与える。

与謝野晶子の歌

〈大意〉私は今二十。櫛でとかすとつややかな⑤（　　）が流れる。誇りに満ちた青春の美しさよ。

〈表現〉初句切れ。初句が字余り。「の」の繰り返し。

斎藤茂吉の歌

〈大意〉死が間近に迫る故郷の⑥（　　）に、せめて⑦（　　）だけでも会いたいとひたすら急いだ。

〈表現〉反復…「一目見（み）ん」の繰り返し。

北原白秋の歌

〈大意〉⑧（　　）の粉の赤と若葉の緑の対照の美しさに見とれながら、寝ころんだまま削り続けることだ。

〈表現〉初句切れ。赤と緑の色彩の対比が印象的。

若山牧水の歌

〈大意〉⑨（　　）は哀しくないのだろうか。空の青にも海の青にも染まることなく、漂っているよ。

〈表現〉二句切れ。白と青の色彩の対比が印象的。

石川啄木の歌

〈大意〉城跡の草の上に寝ころんでいたら、⑩（　　）に心が吸いこまれそうな気がした、十五歳の頃は。

〈表現〉三行書き。体言止め。

釈迢空の歌

〈大意〉踏みにじられた⑪（　　）が、色新しく鮮やかだ。この山道を行った人がいるのだ。

〈表現〉三句切れ。第三句が字余り。一字空き、句読点。

寺山修司の歌

〈大意〉列車の窓から遠くに見える向日葵は、まるで少年がふっている帽子のようだ。

〈表現〉比喩…「⑫（　　）」を「帽子」にたとえる。

穂村弘の歌

〈大意〉午下がり、⑬（　　）だらけの猫が逃げだす。永遠なんてものは、どこにも無いのだ。

〈表現〉三句切れ。初句が字余り。

永田紅の歌

〈大意〉夜、⑭（　　）をのぞいていたら、細胞のなかに奇妙な構造があるのを見つけたことだ。

〈表現〉四句切れ。体言止め。

おさえよう

主題 短歌は、〔ア 五百　イ 千三百〕年以上前から日本で作られてきた。〔ア 短い　イ 長い〕ことと、リズムがあることが大きな特徴である。多くの言葉は使えないので、言葉を厳しく選び、磨かなければならない。

知識の泉 Q「針小棒大」の意味は？

実力判定テストA　ステージ2

短歌の世界／短歌十首

30分

自分の得点まで色をぬろう！ 100点　合格！　80　60　0　/100

解答 6ページ

次の文章を読んで、問題に答えなさい。　教p.60・⑧～62・②

短歌の大きな特徴は、短いこと。そしてリズムがあることです。短いので、多くの言葉を用いることはできません。だから言葉を厳しく選び、磨かなくてはなりません。詩を書くとは、つまり①そういうことなのです。

②五音七音のリズムは、日本語を心地よく聞かせてくれる魔法のようなものです。このリズムに言葉をのせると、とても調子がよくなることを、短歌を声に出して読むことで実感してみてください。

短歌は、短い詩ですから、全てを説明することはできません。その分、③読者が想像力をはたらかせて読むという楽しみがあります。

「寒いね」と話しかければ「寒いね」と答える人のいる④あたたかさ　俵万智

この短歌を、私は恋の場面で詠みました。状況を全部は説明できないので、寒いねと声をかけ合う人がいることで心が温かくなる、そのことに絞って表現しました。

恋の歌と受け止めた人も多くいますが、ある人は「家族のやりとり」と捉え、ある人は「旅先での会話」を思い浮かべました。それぞれの読者の心に、それぞれの「あたたかさ」が伝わることが大切なのです。

観覧車回れよ回れ想ひ出は君には一日我には一生　栗木京子

「君」と「我」が遊園地でデートしている場面です。観覧車に乗っている二人は、幸せなカップルに見えるかもしれません。けれど、作者は感じているのです。相手にとってはたった一日の想い出である今日という日が、自分には一生の想い出となるだろうと。⑤この温度差が、現在の二人の状況を示して、せつない恋の歌です。「君」と「我」、「一日」と「一生」という対比が効いていますね。「回れよ回れ」という命令形と繰り返しが、勢いとリズムを生んでいることなども鑑賞のポイントとなるでしょう。

〈俵万智「短歌の世界」による〉

1 よく出る　短歌の特徴を、文章中から二つ抜き出しなさい。　5点×2（10点）

知識の泉　A　**大げさに言うこと。**　針ほどのものを棒ほどに大きく言うことから。

2 ①そういうこと とは、どのようなことですか。十五字以内で書きなさい。（15点）

3 ②五音七音のリズム とありますが、短歌の定型のリズムを書きなさい。（10点）

（　　　　）の、三十一音のリズム。

4 ③読者が想像力をはたらかせて読む とありますが、具体的に読者が想像力をはたらかせて作者の思いとは異なる解釈をした部分を文章中から一文で抜き出し、はじめの五字を書きなさい。（10点）

攻略！ 同じ短歌に対して異なる感想が書かれている部分に着目しよう。

5 記述 ④あたたかさ とありますが、ここには作者のどのような思いがこめられていますか。文章中の言葉を使って書きなさい。（15点）

攻略！「あたたかさ」のここでの意味を考えよう。

6 よく出る 「観覧車……」の短歌について答えなさい。

(1) この短歌は何句切れですか。（10点）

(2) この短歌で、対句的表現となっているのは、どの部分とどの部分ですか。短歌の中から抜き出しなさい。完答（10点）

　　　　と

(3) 「回れよ回れ」という表現には作者のどのような気持ちがこめられていますか。次から一つ選び、記号で答えなさい。（10点）

ア 大好きな人と観覧車に乗ったことがうれしい。
イ いつまでも今のこの時間が続いていてほしい。
ウ 相手にもこの時間を大切にしてもらいたい。
エ この日が二人にとってのよい想い出となるといい。

7 ⑤この温度差 とありますが、どのようなことですか。次から一つ選び、記号で答えなさい。（10点）

ア 同じ場所にいるのに、互いの気持ちが離れているように感じられるということ。
イ 今は相手を想う気持ちが強いが、将来まで想い続けられるかはわからないということ。
ウ 周りの自分たちに対する捉え方と実際の二人の関係は違っているということ。
エ 同じ時間を共有しているのに、お互いの感じ方が異なっているということ。

実力判定テストB ステージ3

短歌の世界／短歌十首

30分

自分の得点まで色をぬろう！ 100点 合格！ 80 もう一歩 60 がんばろう！ 0 /100

解答 7ページ

★ 次の短歌を読んで、問題に答えなさい。 教p.64〜65

A くれなゐの二尺伸びたる薔薇（ばら）の芽の針①やはらかに春雨（はるさめ）のふる　正岡（まさおか）子規（しき）

B その子二十（はたち）櫛（くし）にながるる黒髪のおごりの②春のうつくしきかな　与謝野（よさの）晶子（あきこ）

C みちのくの③母のいのちを一目見ん一目みんとぞただにいそげる　斎藤（さいとう）茂吉（もきち）

D 草わかば色鉛筆の赤き粉（こ）のちるがいとしく④寝て削るなり　北原（きたはら）白秋（はくしゅう）

E 白鳥（しらとり）は⑤哀（かな）しからずや空の青海のあをにも染まずただよふ　若山（わかやま）牧水（ぼくすい）

F 不来方（こずかた）のお城の草に寝ころびて⑥空に吸はれし十五の心　石川（いしかわ）啄木（たくぼく）

G 列車にて遠く見ている向日葵（ひまわり）は少年のふる⑦帽子のごとし　寺山（てらやま）修司（しゅうじ）

H シャボンまみれの猫が逃げだす午下（ひる）がり永遠なんてどこにも無いさ　穂村（ほむら）弘（ひろし）

〈「短歌十首」による〉

---

1 よく出る A〜Hの短歌の中から、次の表現技法が使われているものを一つずつ選び、記号で答えなさい。　3点×3（9点）

(1) 体言止め　（　）
(2) 直喩　（　）
(3) 反復　（　）

2 A〜Hの短歌の中から、字余りの句があるものを全て選び、記号で答えなさい。　完答（4点）

3 記述 ①やはらかに とありますが、何のどのような様子を表していますか。二つ書きなさい。　5点×2（10点）

4 ②春 とは、ここでは何のことを表していますか。「春」を含む漢字二字で書きなさい。　（4点）

5 記述 ③母のいのちを一目見ん とは、作者のどのような思いを表していますか。簡潔に書きなさい。　（8点）

6 Dの短歌で対照的に描かれている色を、「……の〜」という形で二つ書きなさい。 完答（5点）

（　　　）と（　　　）

7 ④寝て削るなり　とありますが、なぜ寝て削っているのですか。次から一つ選び、記号で答えなさい。（4点）

ア　鉛筆を削るのに寝ころぶのがいちばん楽な姿勢だから。
イ　鮮やかな色彩に心がひかれ、間近で見ていたいから。
ウ　鉛筆を削っているうちになんとなく無気力になったから。
エ　削りかすを見つめて疲れた目を若草がいやしてくれるから。

（　　　）

8 よく出る　Eの短歌は何句切れですか。漢数字で書きなさい。（4点）

□句切れ

9 よく出る　⑤哀しからずや　とは、どのような意味ですか。次から一つ選び、記号で答えなさい。（4点）

ア　哀しいときもある。
イ　哀しくはないのだろう。
ウ　哀しくないのだろうか。
エ　哀しいのかもしれない。

（　　　）

10 ⑥空に吸はれし　とは、どのようなことですか。次から一つ選び、記号で答えなさい。（8点）

ア　夢や希望を奪おうとする大空に抵抗できないということ。
イ　大空に未来のさまざまな夢や希望を託したということ。
ウ　大空を見ているうちに夢も希望もなくなったということ。
エ　幼稚な考えを大空が取り去ってくれたということ。

（　　　）

11 ⑦帽子　とありますが、どのような帽子がこの短歌にふさわしいですか。次から一つ選び、記号で答えなさい。（4点）

ア　スキー帽
イ　学生帽
ウ　赤白帽
エ　麦わら帽子

（　　　）

12 Hの短歌は何句切れですか。漢数字で書きなさい。（4点）

□句切れ

13 レベルUP　次の鑑賞文にあてはまる短歌をA〜Hから一つずつ選び、記号で答えなさい。 4点×8（32点）

① 作者の孤独（こどく）な思いを色彩の対比を用いて詠（よ）んでいる。
② 身近な道具と色彩に心ひかれる作者の思いを詠んでいる。
③ 青春の盛りを生きる女性の美しさを誇（ほこ）らしげに詠んでいる。
④ 母親に会うため急ぐ作者の切実な願いと焦（あせ）りを詠んでいる。
⑤ 希望に満ちていた若い頃をなつかしむ思いを詠んでいる。
⑥ 口語を用いて日常のなにげない光景を詠んでいる。
⑦ 流れるようなリズムでみずみずしい自然、植物を詠んでいる。
⑧ 夏を象徴する花に呼び起こされた郷愁（きょうしゅう）を詠んでいる。

①（　　　）②（　　　）③（　　　）④（　　　）
⑤（　　　）⑥（　　　）⑦（　　　）⑧（　　　）

確認のワーク ステージ1

文法の窓1　用言の活用

解答　7ページ　スピードチェック　18ページ

学習のねらい
- あとに続く言葉に注意して、活用形を見分けよう。
- 動詞の活用の種類の見分け方を覚えよう。

教科書の要点

1 活用　（　）に教科書の言葉を書き入れなさい。　教 p.228

単語の形が規則的に変化することを①（　）という。活用形には、②（　）・③（　）・終止形・連体形・④（　）・命令形の六つがある。

活用形▼活用によって変化した単語の形を活用形という。
語幹・活用語尾（ごび）▼活用しても変化しない部分を語幹、変化する部分を活用語尾という。

2 用言の種類　（　）に教科書の言葉を書き入れなさい。　教 p.229

品詞	はたらき・性質	言い切りの形
動詞	動作・作用・状態・存在などを表す。	①（　）の音で終わる。
形容詞	性質や状態、感情などを表す。	「②（　）」で終わる。
形容動詞	性質や状態、感情などを表す。	「③（　）・④（　）」で終わる。

3 動詞の活用　（　）に教科書の言葉を書き入れなさい。　教 p.228〜229／241

(1) 動詞の活用の種類

活用の種類	特徴
①（　）活用	活用語尾が「ア・イ・ウ・エ・オ」の五段で変化。
②（　）活用	活用語尾がイ段だけに活用。
下一段活用	活用語尾が③（　）段だけに活用。
カ行変格活用	「④（　）」のみ。
⑤（　）活用	「する」と、「○○する」のみ。

(2) 動詞の活用表

語例	語幹＼活用形・主な続く言葉	未然形 ナイ・ウ（ヨウ）など	連用形 マス・テ（デ）・タ（ダ）など	終止形 言い切る	連体形 体言やコト・ノなど	仮定形 バ	命令形 命令の意味で言い切る
五段 行く	い	①（　）＝こ	②（　）＝っ	＝く	③（　）	④（　）	⑤（　）
上一段 生きる	い	⑥（　）	＝き	＝きる	＝きる	＝きれ	＝きろ（＝きよ）
下一段 食べる	た	＝べ	＝べ	＝べる	＝べる	⑦（　）	＝べろ（＝べよ）
カ変 来る	○	こ	⑧（　）	くる	くる	くれ	こい
サ変 する	○	し・さ・せ	⑨（　）	する	する	すれ	⑩（　）（せよ）

知識の泉　A　ア。　「全世界」→全-世界。「初対面」→初-対面。「市町村」→市-町-村。

4 形容詞・形容動詞の活用

形容詞・形容動詞の活用には命令形はない。

（　）に言葉を書き入れなさい。 教p.229／240

	語例	語幹	未然形	連用形	終止形	連体形	仮定形	命令形
活用形／主な続く言葉			ウ	タ・テなど	言い切る	体言やコト・ノなど	バ	命令の意味で言い切る
形容詞	白い	しろ	＝かろ	＝かっ／＝う／①（　）	＝い	＝い	②（　）	○
形容動詞	確かだ	たしか	＝だろ	＝だっ／＝で／③（　）	＝だ	④（　）	⑤（　）	○
形容動詞	確かです	たしか	＝でしょ	⑥（　）	＝です	（＝です）	○	○

5 補助用言・可能動詞・自動詞・他動詞

（　）に教科書の言葉を書き入れなさい。 教p.230〜231

(1) 補助用言（補助動詞・補助形容詞）

ともに単語本来の意味が薄れ、すぐ前の言葉の意味を（　）はたらきをする。ふつう、平仮名で書く。

(2) 可能動詞・自動詞・他動詞

① 可能動詞…五段活用の動詞から変化し、「〜することができる」という意味を表すようになった動詞。（　）活用で、命令形はない。

② （　）…その物や人自身の動作や作用を表す動詞。

③ （　）…別の物にはたらきかける動作や作用を表す動詞。はたらきかける対象は、ふつう「〜を」で示される。

基本問題

1 次の単語を、①動詞・②形容詞・③形容動詞に分類し、それぞれ記号で答えなさい。

ア 美しい　イ 話す　ウ 考える　エ 大変だ

オ 遠い　カ 便利だ　キ 泳ぐ　ク 鋭い

① 動詞（　）　② 形容詞（　）

③ 形容動詞（　）

2 次の動詞の活用の種類をあとから一つずつ選び、記号で答えなさい。

① 投げる（　）　② 読む（　）

③ 勉強する（　）　④ 来る（　）

⑤ 落とす（　）　⑥ 試みる（　）

⑦ 育てる（　）　⑧ 過ぎる（　）

ア 五段活用　イ 上一段活用　ウ 下一段活用

エ カ行変格活用　オ サ行変格活用

攻略！「ない」をつけた時の形で判断しよう。

3 次の――線部の形容詞・形容動詞の言い切りの形（終止形）を書きなさい。

① 夜になると寒くなる。（　）

② 遠足は楽しかった。（　）

③ 元気ならばそれでよい。（　）

④ 正確な時間を教えてください。（　）

知識の泉 Q 「欠点がない」という意味の慣用句は？　□の打ちどころがない

実力判定テストA ステージ2

文法の窓1 用言の活用

30分

自分の得点まで色をぬろう！ 100点 80 60 0 /100

解答 7ページ

1 例にならって、次の各文の用言を全て抜き出しなさい。 完答4点×4（16点）

例 雨が上がってきれいな虹が出た。
（上がっ・きれいな・出）

① 温かい声援に、部員たちは懸命に応えた。
（　　）

② おもしろければ読みたいとも思ったが、結局読まなかった。
（　　）

③ 友達に電話をするのを忘れていた。
（　　）

④ 広い海を見ているうちに、おだやかな気持ちになった。
（　　）

2 次の各語を適切に活用させて、（　）に書きなさい。 2点×16（32点）

(1) 書く
① 手紙は（　）ない。
② 丁寧に（　）ます。
③ 何でも（　）ばいい。
④ 字を（　）ている。

(2) 教える
① 宝物の場所は誰にも（　）ない。
② きちんと（　）ばわかる。
③ 弟に英語を（　）た。
④ 「秘密を（　）。」と命じる。

(3) 楽しい
① 学校の遠足は（　）た。
② ゆうべは（　）夢を見た。
③ 仲間と（　）遊ぶ。
④ （　）ばいいわけではない。

(4) 静かだ
① たぶん早朝は（　）う。
② 子供たちが寝てやっと（　）なる。
③ もう少し（　）ばありがたい。
④ 昔は正月の町は（　）た。

知識の泉 A 非。〈例〉A君は，非の打ちどころがない人である。

3 よく出る　次の――線の動詞のA活用の種類とB活用形を書きなさい。　2点×8（16点）

① 彼は人の話を聞かない。　A（　　）B（　　）

② あと五分早く起きればいつものバスに間に合ったのに。　A（　　）B（　　）

③ 係の人が書類を集めて先生のところに持っていく。　A（　　）B（　　）

④ 美しいバイオリンの音色に深く感動する。　A（　　）B（　　）

攻略！　活用の種類は「ない」に続く形の活用語尾に着目する。

4 よく出る　次の各組から、補助動詞・補助形容詞であるほうを選び、記号で答えなさい。　2点×4（8点）

① ア 母は朝から出かけている。
　 イ 公園の池には、錦鯉（にしきごい）がいる。　（　　）

② ア くまのぬいぐるみがほしい。
　 イ 私の気持ちをわかってほしい。　（　　）

③ ア 新刊書を試しに読んでみる。
　 イ 草の上に寝転がって星空をみる。　（　　）

④ ア 冬物の洋服を押し入れにしまう。
　 イ つい食欲に負けてしまう。　（　　）

5 次の文の可能動詞を□で囲み、もとになっている動詞を書きなさい。　完答3点×4（12点）

① 彼ならこの難しい曲もわけなく弾けると思う。　（　　）

② 弟は水泳教室に通っているが、まだ泳げない。　（　　）

③ これだけ練習したのだから勝てるだろう。　（　　）

④ 鳥のように大空を飛べたらいいのに。　（　　）

6 次の各文の――線の動詞が自動詞ならア、他動詞ならイの記号で答えなさい。　2点×8（16点）

① 悲しみの涙をこぼす。　（　　）
② 悲しみの涙がこぼれる。　（　　）
③ 赤信号で車が止まる。　（　　）
④ 車を駐車場（ちゅうしゃじょう）に止める。　（　　）
⑤ 運動をしておなかを減らす。　（　　）
⑥ 運動したのでおなかが減る。　（　　）
⑦ 消灯時間になったので電気が消える。　（　　）
⑧ 消灯時間になったので電気を消す。　（　　）

攻略！　動詞の前にある「が」「を」などの助詞に注目する。

知識の泉　Q「義務」の対義語は？

確認のワーク　ステージ1
壁に残された伝言（漢字を身につけよう③）

学習のねらい
- 文章の全体と部分との関係を捉え、内容を理解しよう。
- 疑問がどのように解明されたのか、時間の流れに沿って捉えよう。

解答　8ページ　スピードチェック　4・5ページ　予想問題　125ページ

漢字と言葉

1 漢字の読み
読み仮名（がな）を横に書きなさい。

*は新出漢字　▼は新出音訓・◎は熟字訓

❶ 地*獄　❷ *被爆　❸ *炎（訓読み）　❹ *廊下

❺ 波*浪　❻ *湾曲　❼ *疾走　❽ *萎縮

❾ 叙*勲　❿ *賄*賂　⓫ *刹*那　⓬ ▼暴*露

2 漢字の書き
漢字に直して書きなさい。

❶（かんかく）をあける。　❷ 避難（かんこく）を出す。

❸ 意見が（いっち）する。　❹（こんせき）を残す。

❺ 壁が（は）がれる。　❻ 焼き（はら）われる。

3 語句の意味
意味を下から選んで、線で結びなさい。

❶ 赴任（ふにん）・　・ア　これまでに聞いたことがないこと。

❷ 鑑（かんが）みる・　・イ　職務として新しい土地へ行くこと。

❸ 前代未聞（みもん）・　・ウ　先例や規範（きはん）に照らし合わせること。

教科書の要点

1 話題　「被爆の伝言」とは何ですか。（　）に教科書の言葉を書き入れなさい。　教p.76〜77

広島に（　）が投下された直後に、小学校の（　）に白い（　）で書かれた伝言。

2 内容理解　「被爆の伝言」の文字が白黒逆転した理由として適切でないものを次から一つ選び、記号で答えなさい。　教p.78〜79

ア　煤（すす）で黒くなった壁に白いチョークで文字が書かれたから。

イ　壁に残されたチョークが煤を吸収したから。

ウ　壁のチョークが固まるのに十分な時間があったから。

エ　壁の塗り直しの際、チョークが壁に残されたから。（　）

3 筆者の意見　筆者は「被爆の伝言」についてどのように考えていますか。□に教科書の言葉を書き入れなさい。　教p.81

現代の私たちにあの日のことを語ってくれる遺産であり、□である。

知識の泉　A　**権利。**　義務＝しなければいけないこと。権利＝自分の意思でできること。

4 構成のまとめ

（　）に教科書の言葉を書き入れなさい。（各段落に1〜29の番号を付けて読みましょう。）教p.76〜81

	序論	本論1	本論2	本論3	結論
まとまり	書き出し	剥がれ落ちた壁の下から	白黒逆転のメカニズム	五十数年という時間	無限に連鎖する「あの日」
段落	1〜2段落	3〜8段落	9〜18段落	19〜23段落	24〜29段落
内容	広島の「あの日」をたどる取材を始めた私は「伝言」と出会った。 「原爆で辺り一面焼け野原、（①　　）のような光景。	●一九九九年春、小学校の壁の下から黒い文字の「被爆の伝言」の一部が見つかる。 ・いくつもの偶然（ぐうぜん）が重なった奇跡的な発見。 　・階段近くの壁が、点検中に偶然剝がれた。 　・原爆の直後にこの壁を撮った写真があった。 　・写真の存在を多くの人が知っていた。	**保存の条件** ・凹凸（おうとつ）の少ない真っ黒なコンクリートの壁面に白い（③　　）で書かれたこと。＝第一の条件 ・チョークの伝言がある期間放置されたこと。＝第二の条件	●「被爆の伝言」――マスコミが大きく取り上げる。 ⋮その他の伝言を探す調査につながる。	「被爆の伝言」に迫力は感じたが、文字を追うのも容易ではない。 ▼私は途方にくれ、次々と疑問がわくばかりだった。 ← 関係者はいとも簡単に文字を読み、涙を流す。▼私も涙が出た。 ＝「あの日」があふれ出た瞬間。
	↓ ▼私には「あの日」の光景が想像できなかった。	●「伝言」の文字は、写真とは違い、黒かった。 ↓（②　　）して現れた。 **問題提起** 壁の下の文字は、どのように保存され、なぜ白黒逆転して現れたのか。	**白黒逆転のメカニズム** ●壁の補修の際、こびりついたチョークを残したまま、上から新しい壁が塗られた。 ●チョークが壁とともに剝がれ落ちた。 ⋮（④　　）が黒い文字として現れた。	↓ 被爆体験の（⑤　　）が叫ばれる二十世紀の終わりだったからこその大きな影響。	・「あの日」のことは多くの人々に伝わる。 ――「被爆の伝言」は「あの日」のことを語る遺産であり、（⑥　　）である。 ・「あの日」が伝わっていく（⑦　　）は、今も続いている。

おさえよう

要旨 いくつもの偶然が重なって〔ア 段階的　イ 奇跡的〕に発見された「被爆の伝言」は、まさに原子爆弾を落とされた直後の〔ア 広島　イ 長崎〕の「あの日」のことを伝えるものだった。「被爆の伝言」は現代の私たちに「あの日」のことを語ってくれる〔ア 根拠　イ 遺産〕であり、証人なのである。

知識の泉　Q「模倣（もほう）」の対義語はどっち？　ア＝現実　イ＝創造

実力判定テストA ステージ2

壁に残された伝言

30分

自分の得点まで色をぬろう!
合格! もう一歩 がんばろう!
100点 80 60 0
/100

解答 8ページ

次の文章を読んで、問題に答えなさい。 教 p.76・①〜77・⑫

あなたは今、広島の雑踏に立って、半世紀以上も前の①「あの日」を思い浮かべることができるだろうか。原爆で辺り一面焼け野原になり、地獄のような光景が広がっていたことを想像できるだろうか。東京から転勤で広島に赴任(ふにん)した私には不可能だった。私は赴任直後から、次の年の八月六日の原爆の日に放送する特別番組を作るために、「あの日」をたどる取材を始めた。被爆者の話や姿、被爆直後の写真、資料館に展示されている黒焦げの弁当箱やぼろぼろの衣服。そのような断片を自分の中で貼り合わせてみたものの、それが本当にあの日の広島なのか、とうてい自信はもてなかった。

②そのような中で出会ったのが「伝言」だった。

剝がれ落ちた壁の下から

広島市の中心部にある袋町(ふくろまち)小学校。すっきりと立つ長方形の白い鉄筋コンクリートの校舎。その壁の下に③「被爆の伝言」の一部が見つかったのは、一九九九年春のことだった。校舎の建て替え工事に先立つ壁の点検中、階段近くの壁が偶然(ぐうぜん)剝がれ、その下か④ら文字らしきものが現れたのだ。よく見ると「寮内」という字が読めた。

「字の痕跡」としかいえないようなものが「読めた」のには理由があった。原爆の直後にこの壁を撮った写真があることを多くの人が知っていたからだ。東京の写真家が撮影し、しばらくの間、広島平和記念資料館（原爆資料館）にも展示されていたその写真には、階段近くの壁一面に書かれた伝言が写されていた。文字らしきものが見つかったとき、関係者は「ひょっとしてあれ⑤［　　］ではないか。」と思ったのだ。

写真に写っている文章の中身や、階段の手すりと壁の位置関係などを細かく見比べると、確かにそれは、ある人の連絡先として記した「東鑵(とうかん)寮内」の一部だった。

もし壁が剝がれなかったら。もし写真が撮られていなかったら。写真は撮られていてもみんなが知るものでなかったら。そう考えると、実に⑥いくつもの偶然が重なって、奇跡的に伝言が発見されたことがわかる。

〈井上(いのうえ)恭介(きょうすけ)「壁に残された伝言」による〉

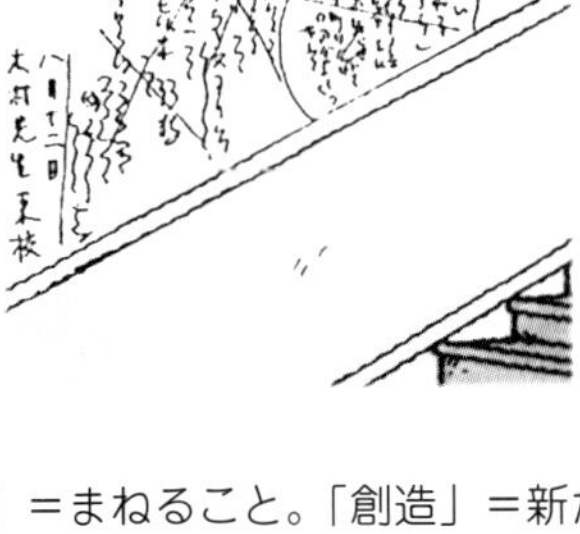

1 ①「あの日」を思い浮かべる とは、どうすることですか。簡潔に説明しなさい。（10点）

攻略! 「あの日」が半世紀以上前の八月六日を指していることをおさえよう。

2 ②そのような中で出会ったのが「伝言」だった。とありますが、どうしているときに出会ったのですか。次の文の□にあてはまる言葉を文章中から十一字で抜き出しなさい。（符号も字数に含みます。）（10点）

原爆の日に放送する特別番組のために、□をいろいろとしているとき。

3 ③「被爆の伝言」の一部が見つかった について答えなさい。

(1) 袋町小学校の校舎の中のどこで見つかったのですか。（10点）

(2) よく出る 「被爆の伝言」とは、どのようなものでしたか。次から一つ選び、記号で答えなさい。（10点）

ア 全世界に向けた、平和の実現を訴えるメッセージ。
イ 被爆直後に書かれた、人を探すための当時の伝言。
ウ 後世に伝えるため、被爆直後の様子を詳しく記した記録。
エ 負傷者に向けた、どこで治療を受けられるかの情報。

(3) (2)のことがわかった根拠の一つは何ですか。次の文の□にあてはまる言葉を文章中から七字で抜き出しなさい。（10点）

その「伝言」が□を記した言葉の一部だったということ。

4 ④文字らしきもの を別の言い方で表しているところがあります。その部分を抜き出しなさい。（10点）

5 □にあてはまる言葉を次から一つ選び、記号で答えなさい。（6点）

ア しかも　イ ところが
ウ なぜなら　エ だから

6 よく出る ⑤あれ とは何を指していますか。文章中から十五字で抜き出しなさい。（10点）

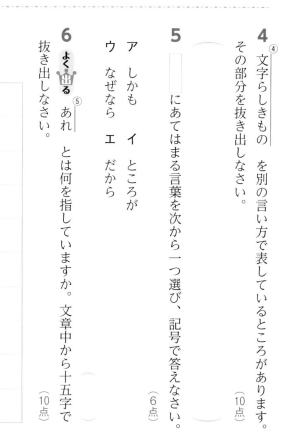

7 記述 ⑥いくつもの偶然が重なって とありますが、この「偶然」とはどのようなことですか。具体的に三つ書きなさい。8点×3（24点）

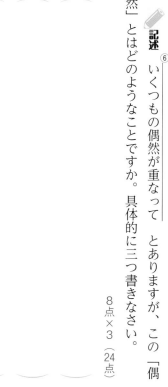

攻略！ 直前の三文から「偶然」の内容を捉えよう。

知識の泉 Q「百聞は一見にしかず」の意味は？

実力判定テストB ステージ3 壁に残された伝言

30分

自分の得点まで色をぬろう！
100点 80 60 0
/100

解答 9ページ

次の文章を読んで、問題に答えなさい。

教 p.78・⑪〜79・⑰

しかし、雨露を防げる建物はなにしろ貴重だったから、校舎は原爆が落とされた直後から臨時の救護所となった。重傷を負った人たちが次々と運び込まれた。横たわる人の中に知り合いはいないか。探している人に関する情報はないか。行方知れずの人の消息を求めて多くの人が訪れたと考えられる。

このとき、校舎の中の壁は、廊下や壁に貼られていた松の板材が焼けたときの煤で真っ黒になっていた。そして、床にはチョークが転がっていた。①伝言が、凹凸の少ない、真っ黒なコンクリートの壁面を黒板代わりにして、白いチョークで書かれたこと。これが、伝言が保存されることになった第一の「条件」だったと専門家は指摘する。

②更に「条件」が重なる。伝言の文字は、書かれたあと校舎が補修されるまでの間、③そのまま放置された。書いた人の気持ちを考えれば、消してしまうには忍びなかったのかもしれない。

ところで、黒板の端に書かれたままの「日直」という文字などが、年度の変わりめに消そうとすると、いくらこすっても消えなかったという経験はないだろうか。④チョークは、書いてすぐなら少し触っただけでも消えてしまうのに、しばらく置いておくと消せなくなる。これは、チョークの主成分（硫酸カルシウム）が、空気中の水分を吸って変質するからだ。

戦後、校舎の補修で壁が塗り直された時期は定かでない。早くても、校舎で授業を再開するために救護所が閉じられた一九四五年の十一月以降である。少なくとも放置期間は数か月以上。チョークが固まるのに十分な時間があったことになる。チョークの伝言がある期間放置されたこと。これが、伝言が保存されることになった第二の「条件」である。

では、補修はどのように行われたか。古い壁の上に新しい壁を塗る場合、ふつうは新しい漆喰ののりがよくなるよう、いったん壁を洗い流してから塗るそうだ。ただ、壁を洗い流すといっても、こびりついたチョークをそぎ落とすにはかなり手間がかかる。しかもついているチョークは白いから、煤を洗い流して白くなった壁の中ではそれほど目立たない。少し盛り上がっているだけで、塗り直しにもほとんど支障がない。⑤こうした事情が重なって、チョークは壁に残ったのであろう。

ここで注目すべき点は、チョークが残った部分の「チョークの下の壁」は黒いということだ。五十数年間、チョークが壁の煤を、その部分だけ保護したことになる。文字が黒かったのは、チョークで書かれた文字によって守られていた煤が現れたからだ。ちなみにチョークそのものは、剥がれ落ちた壁にくっついて取り除かれた。これが、⑥チョークで書かれた伝言が保存され、白黒逆転して現れたメカニズムだ。

〈井上 恭介「壁に残された伝言」による〉

1 ①伝言がこの学校の校舎の壁面に書かれたのはなぜですか。次の□A・Bにあてはまる言葉を文章中から抜き出し、Aは六字、Bは十字で書きなさい。8点×2（16点）

当時、校舎が［A］となり、負傷者が次々と運び込まれたので、そこへ［B］を求める多くの人がやってきて、壁面を伝言板として利用したから。

A ［　　　　　　］

B ［　　　　　　　　　　］

2 よく出る ②更に「条件」が重なる。とありますが、チョークの伝言が保存されることになった「条件」とはどのようなことでしたか。二つ書きなさい。12点×2（24点）

（　　　　　　）

（　　　　　　）

3 ③そのまま放置されたとありますが、伝言の文字が、校舎が補修されるまで放置された理由を、筆者はどのように推測していますか。（10点）

（　　　　　　）

4 よく出る ④チョークは、書いてすぐなら……しばらく置いておくと消せなくなる。とありますがそれはなぜですか。理由にあたる部分を文章中から抜き出し、はじめと終わりの五字を書きなさい。（10点）

［　　　　　］～［　　　　　］

5 記述 ⑤こうした事情が……壁に残ったとありますが、それはこのときの補修がどのように行われたからですか。補修の内容を説明しなさい。（20点）

（　　　　　　）

6 レベルUP ⑥チョークで書かれた伝言が保存され、白黒逆転して現れたとありますが、どのような過程を経てこの結果に至ったのですか。次のア～カの文を古い順に並べ替えなさい。完答（20点）

ア 残されたチョークの上から新しい壁を塗った。
イ 煤で黒くなった壁面に白いチョークで伝言を書いた。
ウ 剝がれた壁とともにチョークも剝がれ、その下の煤が現れた。
エ 補修のため壁面の煤を洗い流したが、チョークは残った。
オ 伝言は長期間放置され、チョークがこびりついた。
カ 五十数年間、チョークがその下の煤を保護し続けた。

（　）→（　）→（　）→（　）→（　）→（　）

知識の泉 **Q** ――線の言葉の使い方は○か×か？　人だかりができて枯(か)れ木も山のにぎわいだ。

確認のワーク ステージ1

一〇〇年後の水を守る
言葉発見③ 上位語・下位語

解答 9ページ ｜ スピードチェック 6ページ ｜ 予想問題 126ページ

学習のねらい
● 文章の内容と図表などを結びつけて、筆者の主張を理解しよう。
● 具体的な例に注目して説明の内容を捉えよう。

漢字と言葉

1 漢字の読み 読み仮名を横に書きなさい。

＊は新出漢字 ▼は新出音訓・◎は熟字訓

❶ ＊循環　❷ 一＊斤　❸ ＊鶏（訓読み）　❹ ＊豚（訓読み）
❺ ＊栽＊培　❻ ＊膨大　❼ ＊巨大　❽ ＊枯れる
❾ 一＊杯　❿ ＊廃＊棄　⓫ 土＊壌　⓬ 見＊据える

2 漢字の書き 漢字に直して書きなさい。

❶（ぼうだい）な量。　❷（どじょう）の汚染。
❸ 市内（じゅんかん）バス。　❹ 温室（さいばい）。
❺ 草が（か）れる。　❻（ぶた）を育てる。

3 語句の意味 意味を下から選んで、線で結びなさい。

❶ 維持 ・　　・ア 必要なものを自らまかなうこと。
❷ 自給 ・　　・イ 同じ状態を保ち続けること。
❸ 供給 ・　　・ウ 要求や必要に応じて物を与えること。

4 上位語・下位語 ――線の言葉は下の（　）の言葉に対してア上位語、イ下位語のどちらですか。ア、イの記号で答えなさい。

❶ あなたの得意な科目は何ですか。（国語）（　　）
❷ 私が最も得意なのは国語です。（科目）（　　）
❸ 毎朝三十分のジョギングをしている。（運動）（　　）
❹ 健康のために適度な運動が必要だ。（ジョギング）（　　）

教科書の要点

1 問題提起 この文章において筆者はどのような問題を提起していますか。（　）に教科書の言葉を書き入れなさい。 教p.88

「（　　　）」といえるほど豊富な水がある地球に住む私たちが、深刻な（　　　）に直面しているのはなぜか。

2 話題 「バーチャルウォーター」とは、何ですか。（　）に教科書の言葉を書き入れなさい。 教p.89

何かを作るときに必要な「（　　　）」のこと。

3 筆者の考え 水問題の解決にはどのような生活が必要ですか。□に教科書の言葉を書き入れなさい。 教p.93

自然の□の中で、身近な水を大切に使う生活。

知識の泉　A ×。「枯れ木も山のにぎわい」＝つまらないものでもないよりはましだ。

4 構成のまとめ

（　）に教科書の言葉を書き入れなさい。（各段落に1〜22の番号を付けて読みましょう。） 教p.88〜93

序論	本論				結論
問題提起	水不足の原因		水問題への対策		100年後の水
1〜2段落	3段落	4〜11段落	12〜15段落	16〜21段落	22段落
「地球」＝たくさんの水がある「①（　　）」。 ・川、海、地下水、北極や南極の氷→想像できないほどの水 ↕ 私たちは深刻な水不足に直面している。 ↓ 問題提起 水が不足するのはなぜか。	人間が利用できる②（　　）＝浅い層にある地下水、川や湖の水→地球全体の水の〇・〇一パーセント ↓ ・循環しているので総量は増えない。 ・汚染が進んで使える水の量は減り続けている。	人口増加・産業の発達→使う水の量は増え続けている。 (1)「③（　　）水」……ふだんの生活の中で使う水 (1)具体例…飲み水・体を洗う水など。 (2)「見えない水」……何かを作るときに必要な水＝「④（　　）」 (2)具体例…食べ物（穀物・肉など）を作るのに必要な水。⑤（　　）（鋼鉄・レーヨンなど）を作るのに必要な水。	日本＝世界有数の水輸入国・世界最大の農作物純輸入国。 …日本の食生活は⑥（　　）に頼っている。 それなのに 日本のイメージ＝水の⑦（　　）国 …水の危機について実感がわかない。	水の⑧（　　）に負担をかけない水の使い方→水問題の解決につながる。 ①節水 例・水を流しっぱなしにしない（＝「見える水」の節約）・食品廃棄物を出さない（＝「見えない水」の節約） ②雨水利用の方法を考える……森林・水田＝⑨（　　）を育む場所。 ③使った水の再利用……工業用水再利用の技術を日本が世界に発信→水問題に苦しむ国・地域に貢献。	◆水問題＝人間の行動が⑩（　　）に映ったもの・世界の問題・⑪（　　）を見据えて長期的に捉えるべき問題 ▼自然の摂理の中で身近な水を大切に使う生活・一〇〇年後の水を育む生活が解決につながっていく。

おさえよう

要旨 水汚染や人口（ア 増加　イ 減少）、産業の発達によって、私たちは深刻な水不足に直面している。その水問題を解決するには、自然の（ア 環境　イ 摂理）の中で水の循環に負担をかけないように身近な水を大切に使う生活、一〇〇年後の水を育む生活が求められる。

知識の泉 Q □にあてはまる漢字は？　姉の看護師姿もだいぶ□についてきた。

実力判定テストA　ステージ2

一〇〇年後の水を守る

30分

自分の得点まで色をぬろう!
100点　80　60　0
/100

解答　9ページ

次の文章を読んで、問題に答えなさい。　教p.89・⑥〜90・⑰

1　一方で、人口増加と産業の発達によって、使う水の量は増え続けている。一九六〇年には三〇億人だった人口が、二〇〇九年には二倍以上に増え、二〇五〇年には九七億人になると予想されている。人間は、生命を維持するために必要な最低限の水分の他、手洗いや洗面などの衛生を保つための水を含めて、一日一人当たり五〇リットルの水が必要とされている。飲み水や体を洗う水などの、ふだんの生活の中で①「見える水」は、人口の増加にしたがって、当然増えるわけである。

2　それだけではない。使っていることが意識されにくい「見えない水」も増加し続けている。余り気づかないことかもしれないが、毎日食べている御飯のもとである米、パンの原料となる小麦を育てるときにも、水は必要だ。このように、何かを作るときに必要な「見えない水」のことを「バーチャルウォーター（仮想水）」という。

3　例えば、食パン一斤を作るには、小麦粉三〇〇グラムを使う。その小麦粉三〇〇グラムを作るには、六三〇リットルの水が必要となる。肉の場合は、もっと大量の水が必要だ。鶏や豚や牛は水を飲むし、さらに、水を使って育てた穀物を餌にしているからだ。家畜が育つまでに使った水を計算すると、豚肉一〇〇グラム当たり五九〇リットル、牛肉一〇〇グラム当たり二〇六〇リットルになる。

4　②食べ物を作るのには、たくさんの水が必要だ。実際、地球にある利用可能な淡水のうち、七〇パーセントが、農業に使われている。

5　アメリカ中西部には世界有数の穀倉地帯があり、トウモロコシ、小麦、大豆などが大量に栽培されている。広大な農場には膨大な水が必要となるが、ここには、オガララ水系という世界最大級の地下水脈が走っている。その地下水をくみ上げて、スプリンクラーで畑にまいているのである。そのため、地下水は一秒間に三八万リットルずつ減り続けている。雨などによって地表から地下水脈に入ってくる水と、くみ上げられて出ていく水とのバランスがとれず、この③巨大な地下水脈もこのままでは枯れてしまうといわれている。

6　水が必要なのは、食べ物を作るときだけではない。工業製品を作るときにも水が使われる。[　　]、鋼鉄を一キログラム作るには一〇〇リットルの水が必要だ。服の素材となるレーヨン一キログラムでは一八〇〇リットルの水が使われる。

7　工業用水の使用量は、発展途上国において、増加の一途をたどっており、今後、より多くの国々が工業化するにつれて、④世界

知識の泉　A　**板。**　「板につく」＝仕事や服装などがぴったり合った感じになる。

における工業用水の利用量は急激に増えるだろう。

8 このように、私たちが深刻な水不足に直面している原因は、⑤「見える水」だけでなく「バーチャルウオーター」の使用量も増加しているからである。

〈橋本（はしもと）淳司（じゅんじ）「一〇〇年後の水を守る」による〉

1 ①「見える水」とありますが、何をするために必要な水ですか。あてはまる言葉を文章中から七字と五字で抜き出しなさい。10点×2（20点）

□□□□□□□ためと、□□□□□ために必要な水。

2 ②食べ物を作るのには、たくさんの水が必要だ。について答えなさい。

(1) よく出る このような水を何と呼んでいますか。文章中から十字で抜き出しなさい。（10点）

□□□□□□□□□□

(2) 3段落の具体例で、肉を作るときにはどのような水が必要だと筆者は述べていますか。次の（　）に合うように二つ書きなさい。10点×2（20点）

・（　　　　）ために必要な水。

・（　　　　）ために必要な水。

3 ③このままでは とありますが、どのような状態のままですか。次から一つ選び、記号で答えなさい。（10点）

ア 地下水が減り続けていることにも気づかずに、ふだんの生活において水の無駄遣いをしている状態。

イ 地球にある水のうち利用可能な淡水はほんのわずかなのに、その半分以上も農業に使い続けている状態。

ウ 地下水脈に入ってくる水と、くみ上げられて出ていく水とのバランスがとれないまま使い続けている状態。

エ アメリカ中西部で必要とされる水全てを、オガララ水系の地下水だけでまかなっている状態。

（　）

4 □にあてはまる言葉を次から一つ選び、記号で答えなさい。（10点）

ア だから　イ あるいは

ウ しかし　エ 例えば

（　）

5 記述 ④世界における工業用水の利用量は急激に増えるだろう とありますが、そのようにいえる理由を説明しなさい。（15点）

（　　　　）

攻略！ 直前に述べられている内容に着目しよう。

6 よく出る ⑤「見える水」……増加している とありますが、その原因をまとめた部分を文章中から十字で抜き出しなさい。（15点）

□□□□□□□□□□

知識の泉 Q「一石二鳥」と反対の意味なのは？ ア＝あぶはちとらず イ＝鶴の一声

実力判定テストB ステージ3

次の文章を読んで、問題に答えなさい。

一〇〇年後の水を守る

30分

自分の得点まで色をぬろう!

100点 80 60 0

/100

解答 10ページ

教p.91・⑱〜93・⑦

こうした水問題に対して、私たちができることは、①水の循環になるべく負担をかけない水の使い方をすることだ。

まず、「節水」から考えてみよう。節水は各家庭でできる。一人一人がすぐに実行でき、なおかつ、まとまると大きな力になる。例えば、歯磨きの場合、口をすすいでいるときに水を流しっぱなしにすると、三〇秒間で六リットルの水が流れていく。実際には、コップ一杯あれば十分に口はすすげる。つまり、五・七リットルの水は捨ててしまったことになる。

「バーチャルウォーター」も節水の対象となる。日本は食料を世界中から買い集めている一方で、世界一の残飯大国でもある。捨てられる食べ物は、供給量の三分の一にのぼる。日本の食品廃棄物の発生量は、年間二八四二万トン。仮に、捨てられたものが御飯(ごはん)だとすると、それを生産するのに使われる水の量は、年間一〇五一億五四〇〇万トンになる。一人当たり一日二・三トンの水を捨てているのと同じことだ。食べきれる分だけ作り、食べきれば無駄にはならない。②これが最大の節水なのである。

次に、雨を貴重な水資源と捉え、大切に賢(かしこ)く使う「雨水利用」の方法を考えることも大切だ。一つの住宅や一つのビルでためられる雨水は少量であっても、地域全体としては大きな効果があるからだ。仮に東京都内の全ての一戸建て住宅が屋根に降った雨をためたとすると、年間で一億三〇〇〇万トンの水が確保できる計算になる。これは利根川(とねがわ)上流の巨大ダムが東京都に供給している水量を上回る。

雨水を蓄えるということで忘れてはならないのは、森林のはたらきだ。③「緑のダム」と呼ばれる森林は、雨を受け止め、土壌に染み込ませ、ろ過し、地下水として蓄える。また、水を張った田んぼにも地下水④涵養(かんよう)の機能があり、平均して、一日一ヘクタール当たり二万トンの水を土壌に浸透させている。森林も水田も、貴重な地下水を育む場所なのだ。

また、日本では、使った水を繰り返して使う「再利用」の技術が進んできている。工業用水の再利用は、一九六〇年代には三五パーセント程度だったが、現在では七八パーセントにまで高まっている。この技術を発展させ、それを世界に発信することによって、水問題に苦しむ国や地域に貢献することができる。

水問題は、水自体に問題があるわけではない。⑤行きすぎた人間の行動が鏡に映ったものが、水問題である。これは、地域の問題であると同時に、世界の問題である。現代の課題であると同時に、将来を見据えて長期的に捉えるべき課題である。自然の摂理の中で、身近な水を大切に使う生活、⑥一〇〇年後、一〇〇年後の水を育む生活こそが、水問題の解決につながっていく。

〈橋本(はしもと) 淳司(じゅんじ)「一〇〇年後の水を守る」による〉

知識の泉 A ア。「鶴の一声」＝意見が対立する多くの人を従わせる権威者の一言。

1 よく出る ①水の循環になるべく負担をかけない水の使い方 とありますが、具体的にどのようなことがあげられていますか。文章中から三つ、五字以内で抜き出しなさい。 10点×3（30点）

・

・

・

2 ②これが最大の節水なのである。について答えなさい。

(1) 「これ」は、どんなことを指していますか。 （10点）

(2) 記述 なぜ「最大の節水」といえるのですか。考えて書きなさい。 （15点）

3 よく出る ③「緑のダム」と森林が呼ばれるのはなぜですか。次の文の□A～Cにあてはまる言葉を文章中からAは二字、B・Cは三字で抜き出しなさい。 5点×3（15点）

森林には、[A]を[B]として[C]機能があるから。

A

B

C

4 ④涵養 と同じ意味の言葉を、文章中から二字で抜き出しなさい。 （10点）

5 レベルUP ⑤行きすぎた人間の行動が鏡に映ったもの とはどういうことですか。次から一つ選び、記号で答えなさい。 （10点）

ア 自分たちの便利で豊かな生活を実現するために、自然の摂理を無視して水を使い続けた結果起こったものだということ。

イ 水不足に苦しむ他の国や地域のことを考えず、自国の利益を追い求めた結果、世界的規模の問題に発展したということ。

ウ 自分たちの行動を振り返り、一人一人が自分自身の問題だと捉えることによって、必ず解決できるものだということ。

エ 一人の人間が起こす行動は小さなものであるが、それがまとまると大きな力になることを忘れてはならないということ。

6 ⑥一〇年後、一〇〇年後の水を育む生活 をすべきなのはなぜですか。次の文の□にあてはまる言葉を、文章中から十八字で抜き出しなさい。 （10点）

水問題は□であるから。

知識の泉 Q 次のことわざの□にあてはまる漢字は？ 朱（しゅ）に交われば□くなる

確認のワーク ステージ1

プレゼンテーション　資料や機器を活用して効果的に発表する　ほか

解答 10ページ　スピードチェック 6ページ

学習のねらい
- 根拠の適切さや論理の展開などに注意して発表する工夫を学ぼう。
- 資料や機器を効果的に活用した伝え方の工夫を理解しよう。

漢字

1 漢字の読み　読み仮名（がな）を横に書きなさい。

*は新出漢字　▼は新出音訓・◎は熟字訓

❶ *遡る　❷ 二*隻　❸ *楼閣　❹ 仏*塔
❺ *慰*霊*碑　❻ *坑道　❼ 合*併　❽ 店*舗
❾ 意*匠　❿ 河▼川　⓫ 三角▼州　⓬ 明▼星
⓭ ▼次第　⓮ ▼干上がる　⓯ ▼幾▼何学　⓰ ▼紅に染める

2 漢字の書き　漢字に直して書きなさい。

❶ ぼうせき（　　）工場。
❷ せんぱく（　　）免許（めんきょ）。
❸ とうじき（　　）を送る。
❹ せいち（　　）な模様。
❺ せんか（　　）を被る。
❻ じゅんたく（　　）な予算。
❼ お宅に うかが（　　）う。
❽ 工夫を こ（　　）らす。

教科書の要点

1 具体化・抽象化（ちゅうしょう）　次の具体的な事物に共通するものをあとから選び、記号で答えなさい。　教p.99

具体的な事物 …短歌・和食・節分・歌舞伎・障子
共通するもの …ア 日本の行事　イ 日本の文化　ウ 日本の食べ物　エ 日本の言語　（　　）

2 効果的な伝え方　掲示資料の効果的な見せ方について説明した次の文の（　）にあてはまる言葉をあとの□から選び、書き入れなさい。　教p.101

- 一枚のスライドに多くの情報を①（　　）。
- 文字の②（　　）は、離れた場所からでも読めるようにする。
- キーワードが引き立つような③（　　）を工夫する。
- 発表時は、書いたことを読むだけではなく、表示していない情報も加えて、聞き手の④（　　）ようにする。

色使い　印象に残る　盛り込まない　大きさ

知識の泉　A 赤。「人は交わる相手や環境によってよくも悪くもなる」という意味。

基本問題

★ 次は、「里山での移動教室で何を行うか」についてのプレゼンテーションの構成です。これを読んで、問題に答えなさい。

構成	はじめ	中		終わり
時間	15秒	120秒		30秒
スライド	里山で林業体験をしよう！	①		②

話すこと

林(はやし)　私たちは、里山で、植林や枝打ちなどの林業体験をすることを提案します。

石田(いしだ)　このスライドを見てください。過去三年間の移動教室についてのアンケート結果です。体験学習を実施(じっし)した回が、しなかった回より評判が高いことがわかります。

鈴木(すずき)　次のスライドは実際に体験できる作業の例です。これらの作業を怠(おこた)ると里山の森は荒れていき、土砂(どしゃ)崩(くず)れなどの災害の原因にもなるそうです。

小山(こやま)　これらの林業を体験することで、私たちは里山の自然を守る仕事の意義について理解を深めることができると考えています。

林　移動教室では、里山で自然環境を守る仕事を体験し、その大切さを実感してみませんか。

---

1 林さんたちは、どのようなことを提案していますか。文章中から二十二字で抜き出し、はじめと終わりの五字を書きなさい。

［　　　　　］〜［　　　　　］

2 ①では、どのようなスライドを提示したらよいですか。次から一つ選び、記号で答えなさい。

ア　アンケートに対する生徒の回答例を示すスライド。
イ　過去三年間の移動教室で写した写真を示すスライド。
ウ　アンケート結果をまとめたグラフを示すスライド。
エ　過去三年間の移動教室の行き先を示すスライド。

（　　）

3 ②で提示するのにふさわしいスライドを、次から一つ選び、記号で答えなさい。

ア　［里山での林業体験を通して、みんなも自然環境を守る仕事の意義や大切さを実感しよう。］

イ　［里山での林業体験 ＝ 自然環境を守る意義や大切さを実感できる。］

（　　）

4 よく出る　プレゼンテーションをするときは、どのようなことが大切ですか。次から一つ選び、記号で答えなさい。

ア　伝えたいことを相手に強く印象づけるために、同じ意見を繰り返し述べるようにすること。
イ　事前に作った原稿に書いてあることだけを、正確に読みあげるように努めること。
ウ　誰に向けて何のために発表するのかを意識して、伝える内容や伝え方を工夫すること。

（　　）

4 論理的に考える

知識の泉　Q「用意」の類義語は？　ア＝手段　イ＝準備

確認のワーク　ステージ1

枕草子（まくらのそうし）・徒然草（つれづれぐさ）（枕草子）

解答 11ページ ／ スピードチェック 7・16ページ ／ 予想問題 127ページ

学習のねらい
- 自然や人間に対する、筆者のものの見方を読み取ろう。
- 古人の心情を現代の私たちと比べてみよう。

漢字

1 漢字の読み　読み仮名（がな）を横に書きなさい。

*は新出漢字　▼は新出音訓・◎は熟字訓

❶ *紫（訓読み）　❷ *趣（訓読み）　❸ *蛍（訓読み）　❹ *霜（訓読み）

2 漢字の書き　漢字に直して書きなさい。

❶（おもむき）がある。　❷（あま）寺に入る。

❸（むらさき）色。　❹（しも）が降りる。

教科書の要点

1 作品「枕草子（まくらのそうし）」について、（　）に教科書の言葉を書き入れなさい。　教p.112

筆者	（①　　）…一条（いちじょう）天皇の皇后定子（ていし）に仕えた。
文章の種類	（②　　）　成立（③　　）時代中期
内容	（④　　）の日常生活での経験、（⑤　　）や人事についての感想などが、筆者の鋭い（⑥　　）やみずみずしい感覚に基づいて描かれている。

2 歴史的仮名遣い　（　）に現代仮名遣いを書きなさい。

歴史的仮名遣い	現代仮名遣い	例
（語頭以外の）はひふへほ	わいうえお	山ぎは→山ぎ（①　　） なほ→な（②　　）
ゐ・ゑ・を	い・え・お	をかし→（③　　）かし
ぢ・づ	じ・ず	もみぢ→もみじ
（母音が）au・iu・eu	ô・yû・yô	やうやう→（④　　） yauyau→yôyô

3 古語の意味　（　）に教科書の言葉を書き入れなさい。　教p.106〜108

現代とは意味の違う言葉

例 ●をかし……今おもしろい　昔（①　　）がある

●うつくし…今きれいだ　昔（②　　）

現代では使われていない言葉

例 ●さらなり…（③　　）

●いと…（④　　）

知識の泉　A イ。　必要なものをあらかじめそろえること。「支度」も類義語。

4 春はあけぼの（　）に教科書の言葉を書き入れなさい。

教p.106〜107

季節	風情（ふぜい）のある時刻	風情のある風物
春	①（　）＝明け方	▼山ぎわが少し明るくなって、紫がかった②（　）が細くたなびいている様子。
夏	③（　）	▼④（　）の出ている頃。 ▼闇（やみ）の夜。 ▼⑤（　）が多く飛びかっている。また、一、二匹ほのかに光っている。 ▼⑥（　）などが降っている。
秋	⑦（　）	●夕日がさして山の端（は）に近づいた頃 ▼⑧（　）がねぐらへ飛び急ぐ様子。＝**あはれなり** ▼⑨（　）などが列になって飛ぶのが、小さく見える様子。＝**をかし** ●日が沈んだあと ▼風の音（おと）、⑩（　）の音（ね）。
冬	⑪（　）＝早朝	▼⑫（　）が降り積もっている様子。 ▼霜が白く降りている様子。 ▼寒い朝に⑬（　）を急いでおこして⑭（　）を持ち運ぶ様子。 〔**冬の朝らしくてよい**〕 ↔ ▼昼になり、火桶（ひおけ）の炭火も灰ばかりになってくる様子。＝**わろし** 〔**よくない**〕

5 うつくしきもの（　）に教科書の言葉を書き入れなさい。

教p.108

うつくしきもの

▼①（　）に描いた子どもの顔。

▼ねずみの鳴きまねをすると、踊るように来る②（　）の子。

▼子どもが、小さな③（　）を指でつまんで、大人に見せる様子。

▼おかっぱ頭の子どもが、髪を払いのけもしないで、④（　）をかしげて何かを見ている様子。

おさえよう

主題　「春はあけぼの」では、筆者が〔ア 四季　イ 事物〕それぞれに感じる趣深さ、「うつくしきもの」では、〔ア 幼い　イ 元気な〕ものや小さなものをかわいらしく思う気持ちが描かれている。

実力判定テストA　ステージ2
枕草子・徒然草（枕草子）

30分

自分の得点まで色をぬろう！ 100点 80 60 0　/100

解答 11ページ

1 次の文章を読んで、問題に答えなさい。

教 p.106～107

①春はあけぼの。やうやう白くなりゆく②山ぎは、少しあかりて、紫だちたる雲の細くたなびきたる。

夏は夜。月の頃はさらなり。闇もなほ、蛍の多く飛びちがひたる。また、ただ一つ二つなど、ほのかに③うち光りて行くも④をかし。雨など降るもをかし。

秋は夕暮れ。夕日のさして⑤山の端いとⓐ近うなりたるに、からすの寝所へ行くとて、三つ四つ、二つ三つなど飛び急ぐさへあはれなり。まいてかりなどの連ねたるが、いと小さく見ゆるは、いとをかし。日入りはてて、風の音、虫の音など、はた言ふべきにあらず。

冬はつとめて。雪の降りたるは言ふべきにもあらず、霜のいと白きも、またさらでも、いと寒きに、火など急ぎおこして、炭持て渡るも、⑥いとつきづきし。昼になりて、⑦ぬるくゆるびもていけば、ⓑ火をけの火も、白き灰がちになりてわろし。

〈「枕草子」第一段による〉

1 よく出る　～～線ⓐ・ⓑを現代仮名遣いに直し、全て平仮名で書きなさい。　4点×2（8点）

ⓐ（　　）　ⓑ（　　）

2 よく出る　①春はあけぼの。とありますが、筆者は春の「あけぼの」を、どのようであると思っていますか。文章中から三字で抜き出しなさい。（5点）

3 ②山ぎは　⑤山の端　の意味を次から選び、それぞれ記号で答えなさい。　完答（5点）

ア　山の、空に接しているところ。
イ　空が山に接するあたり。

②（　　）　⑤（　　）

攻略！　空の一部か、山の一部かを考えよう。

4 ③うち光りて行く　ものは何ですか。文章中から一字で抜き出しなさい。（5点）

5 ④をかし　と対照的な意味で使われている言葉を、文章中から三字で抜き出しなさい。（5点）

6 よく出る　秋の段で取り上げられているものの中で、聴覚で捉えたものを二つ、それぞれ文章中から三字で抜き出しなさい。　5点×2（10点）

7 記述 ⑥いとつきづきし とありますが、どのようなときに、何をする様子が何に似つかわしいのですか。説明しなさい。（10点）

（　　）

8 ⑦ぬるくゆるびもていけば とありますが、何がゆるんでいくのですか。二字で書きなさい。（5点）

（　　）

9 筆者はどのようなものに趣深さを感じていますか。次の（　）にあてはまる言葉を書きなさい。5点×2（10点）

春から秋では（①　　）の風物、冬ではそれに加えて、（②　　）にも趣深さを感じている。

攻略！「昼になりて」とあることから考えよう。

❷ 次の文章を読んで、問題に答えなさい。 教p.108

①うつくしきもの。瓜に描きたるちごの顔。すずめの子の、ねず鳴きするに②踊り来る。③二つ三つばかりなるちごの、急ぎてはひ来ⓐる道に、いと小さきちりのありけるを、目ざとに見つけて、いとをかしげなるおよびに捕らへて、大人ごとに見せたる、いとうつくし。ⓑ

頭は尼そぎなるちごの、目に髪の覆へるをⓒ、かきはやらで、うちかたぶきて物など見たるも、うつくし。

〈「枕草子」第百四十五段による〉

1 ～～線ⓐ～ⓒを現代仮名遣いに直し、全て平仮名で書きなさい。4点×3（12点）

ⓐ（　　）　ⓑ（　　）　ⓒ（　　）

2 ①うつくしきもの。として、いくつの例があげられていますか。漢数字で答えなさい。（5点）

（　　）つ

3 よく出る ②踊り来る の主語を文章中から抜き出しなさい。（5点）

（　　）

4 ③二つ三つばかりなるちご のしぐさのどのようなところを、筆者は「うつくし」と感じていますか。次から一つ選び、記号で答えなさい。（10点）

ア いつも大人たちの注目を得ずには気がすまないところ。
イ 大人たちがふつうは気づかないものを見つけ出すところ。
ウ 一生懸命何かをしていても他のものにすぐ気移りするところ。
エ 小さなごみにも好奇心を示し、大人に見せびらかすところ。

（　　）

攻略！「急ぎて……見せたる」で描かれている事柄を捉えよう。

5 よく出る 筆者が「うつくし」と感じているものはどのようなものですか。次から一つ選び、記号で答えなさい。（5点）

ア 小さなものや幼いもの。　イ 動きが素早いもの。
ウ いろどりが美しいもの。　エ 滑稽なもの。

（　　）

確認のワーク ステージ1

枕草子・徒然草（徒然草）

解答 12ページ スピードチェック 7・16ページ 予想問題 128ページ

学習のねらい
●古文独特の言葉の意味を正確に捉えよう。
●筆者の鋭い人間観察に着目し、そのものの見方や考え方を読み取ろう。

漢字

1 漢字の読み 読み仮名を横に書きなさい。

＊は新出漢字 ▼は新出音訓・◎は熟字訓

❶ ＊詣でる　❷ ＊戒め

2 漢字の書き 漢字に直して書きなさい。

❶ 寺に（もう）でる。　❷（いまし）めを守る。

教科書の要点

1 作品 「徒然草」について、（　）に教科書の言葉を書き入れなさい。 教p.112

筆者	（①）…歌人
文章の種類	随筆
成立	（②）時代末期
内容	おりにふれての見聞・感想・評論などが、鋭い（③）や（④）感覚によって書かれている。

2 古語の意味 （　）に教科書の言葉を書き入れなさい。 教p.109〜111

現代とは意味の違う言葉

例 ●年ごろ…今ふさわしい年齢　昔（①）
●おろかなり…今ばかげている　昔（②）

現代では使われていない言葉

例 ●かち…徒歩　●心うし…残念だ・情けない
●ゆかし…（③）

3 助詞の省略 □に補うことができる助詞を書きなさい。

① ある人、弓□射ることを習ふに
② 師□これを知る。

4 係り結び あとの［　］から言葉を選び、書き入れなさい。 教p.110⑥

文中に「ぞ・（①）・や・か・こそ」という助詞があると、文末の形が変わるというきまりを、（②）という。

［なむ　を　係り結び　結び］

例 尊く**こそ**おはし**けれ**
→「こそ」がなければ、文末は「けり」となる。

知識の泉 A イ。「半信-半疑」「晴耕-雨読」「花-鳥-風-月」となる。

5 序段

「徒然草」の序段についてまとめた次の文の（　）に、――線の言葉の現代語訳を書き入れなさい。 教p.109

●この段には、「徒然草」を書いた筆者の姿勢が述べられている。

＝

つれづれなるままに、（①　　）心にうつりゆくよしなしごとを、（②　　）そこはかとなく書きつく。（③　　）

6 仁和寺にある法師

（　）に教科書の言葉（現代語）を書き入れなさい。 教p.110

見聞

参拝の様子（教はじめ～p.110・④）

▼仁和寺にいる法師が、（①　　）八幡宮への参拝を思い立つ。

▼本社が山の上にあることに気づかず、ふもとにある（②　　）や高良神社を参拝しただけで帰ってしまった。

法師の話（p.110・⑤～⑩）

▼参拝者はみな（③　　）へ登っていたが、参拝することが（④　　）だと思い、そこまでは行かなかったと法師は言った。

筆者の考え（p.110・⑪）

▼ちょっとしたことにも、その道の（⑤　　）はあってほしいものだ。

7 ある人、弓射ることを習ふに

（　）に教科書の言葉（現代語）を書き入れなさい。 教p.111

見聞（教はじめ～p.111・④）

▼弓を習っている人が、二本の矢を手に持って、的に向かった。

▼師の言葉

「初心者は、二本の矢を（①　　）。後の矢をあてにして、初めの矢を（②　　）してしまう心があるからである。

……この一本の矢で決着をつけようと思え。」

筆者の考え（p.111・⑤～終わり）

▼（③　　）というものは、自分では気づいていなくても、先生は気づくものだ。この戒めは、万事にあてはまるはずである。

おさえよう

主題 「仁和寺にある法師」では、〔ア 仲間　イ 指導者〕の必要性、「ある人、弓射ることを習ふに」では、自分では気づかなくても生じる〔ア 怠け心　イ 遊び心〕に対する戒めが述べられている。

実力判定テストA ステージ2

枕草子・徒然草（徒然草）

30分

自分の得点まで色をぬろう！ 100点 80 60 0 /100

解答 12ページ

1 次の文章を読んで、問題に答えなさい。 教p.110

仁和寺にある法師、年寄るまで、石清水を拝まざりければ、①心うく覚えて、あるとき思ひ立ちて、ただ一人、かちより詣でけり。極楽寺・高良などを拝みて、②かばかりと心得て帰りにけり。さて、かたへの人にあひて、「③年ごろ思ひつること、果たしはべりぬ。聞きしにもすぎて、尊くこそおはしけれ。そも、参りたる人ごとに山へ登りしは、なにごとかありけん、④ゆかしかりしかど、神へ参るこそ本意なれと思ひて、山までは見ず。」とぞ⑤言ひける。

少しのことにも、先達はあらまほしきことなり。

〈「徒然草」第五十二段による〉

1 ①心うく覚えて の意味を次から一つ選び、記号で答えなさい。（6点）

ア 残念に思って　イ 不運に思って
ウ うれしく思って　エ 面倒に思って

（　　）

2 よく出る ②かばかりと心得て とありますが、具体的にはどのように思ったのですか。次から一つ選び、記号で答えなさい。（8点）

ア 極楽寺や高良神社はこれだけだ。
イ 石清水八幡宮はこれだけだ。
ウ 参拝するのは今回だけだ。
エ 仁和寺から来た人は私だけだ。

（　　）

3 よく出る 法師がいう ③年ごろ思ひつること とは、具体的にどのようなことですか。現代語で書きなさい。（10点）

（　　）

攻略！ 法師は、石清水に詣でたあと、念願を「果たし」たと言っている。

4 ④ゆかしかりしかど の意味を次から一つ選び、記号で答えなさい。（8点）

ア 楽しそうだったけれど　イ 行ってもよかったけれど
ウ 知りたかったけれど　エ 詣でたかったけれど

（　　）

5 法師が山へ登らなかったのはなぜですか。その理由がわかる部分を文章中から十五字以内で抜き出しなさい。（10点）

6 ⑤言ひける とありますが、法師の言葉からどのような様子がわかりますか。次から一つ選び、記号で答えなさい。（8点）

ア 自分の行動に満足し、得意になっている。
イ 自分の無知を自覚し、恥ずかしくなっている。
ウ 自分の行動に自信がもてず、不安になっている。
エ 自分の誤解を認めたくなくて、意地になっている。

（　　）

攻略！ 法師が、自分の行動に対してどう思っているのかを読み取ろう。

知識の泉 A 危険。「安全」の類義語「無事」もあわせて覚えておこう。

7 よく出る 筆者の感想にあたる一文を文章中から抜き出しなさい。（10点）

2 次の文章を読んで、問題に答えなさい。

教 p.111

ある人、弓射ることを習ふに、もろ矢をたばさみて、的に向かふ。師の言はく、「①初心の人、二つの矢を持つことなかれ。後の矢を頼みて、初めの矢になほざりの心あり。②毎度ただ得失なく、この一矢に定むべしと思へ。」と言ふ。

わづかに二つの矢、師の前にて一つを③おろかにせんと思はんや。懈怠（けだい）の心、みづから知らずといへども、④師これを知る。⑤この戒め、万事にわたるべし。

〈「徒然草（つれづれぐさ）」第九十二段による〉

1 記述 ①初心の人、二つの矢を持つことなかれ。とありますが、このように「師」が言うのはなぜですか。その理由を現代語で書きなさい。（10点）

攻略！ 続く「後の矢を頼みて……」の一文に着目しよう。

2 ②毎度ただ得失なく の意味を次から一つ選び、記号で答えなさい。（6点）

ア 的に向かうたびごとに、むやみに当てようと意気込まず
イ 的に向かうたびごとに、当たるか当たらないかを考えず
ウ 的に向かうときはいつも、当てようと思わないようにして
エ 的に向かうときはいつも、もう一本の矢のことは忘れて

3 ③おろかにせんと思はんや の意味を次から一つ選び、記号で答えなさい。（8点）

ア いいかげんにはしないと思いなさい
イ いいかげんにしようと思うだろうね
ウ いいかげんにしようと思うだろうか
エ いいかげんにはしないと思いたいものだ

4 ④師これを知る とありますが、「師」は何を知っているというのですか。文章中から五字以内で抜き出しなさい。（8点）

5 よく出る ⑤この戒め とありますが、どのような戒めですか。次から一つ選び、記号で答えなさい。（8点）

ア 何かをするときはその一瞬に集中するべきだという戒め。
イ 用心のため、常に予備の矢を持っておくべきだという戒め。
ウ 自分が気づかないことにも師は気づくものだという戒め。
エ 師の前では、より気を引き締めるべきだという戒め。

確認のワーク　ステージ1

平家物語

解答 12ページ　スピードチェック 7・17ページ　予想問題 129ページ

学習のねらい
- 仮名遣いや語句の意味に注意しながら読み、古典を味わおう。
- 場面や状況を捉え、登場人物の考え方を理解しよう。

漢字

▼は新出音訓・◎は熟字訓
＊は新出漢字

1 漢字の読み

読み仮名を横に書きなさい。

❶ ＊鐘（訓読み）

❷ 栄＊華

❸ ▼討つ

❹ ＊敷く

❺ ▼戦（訓読み）

❻ ＊鶴

❼ ＊縫う

❽ 一＊騎

❾ 化（け）＊粧

❿ 美＊麗

⓫ ＊悔やむ

⓬ ＊袖（訓読み）

2 漢字の書き

漢字に直して書きなさい。

❶ 盛者必（じょうしゃ）（　　すい　　）。

❷ 大坂夏の（　　じん　　）。

❸ 紙の（ふくろ　）。

❹ 過去を（　　く　　）やむ。

❺ 布団を（ふとん）（　　し　　）く。

❻ 雑巾を（　　ぬ　　）う。

教科書の要点

1 作品

（　　）に教科書の言葉を書き入れなさい。 教p.127

筆者	信濃前司行長（しなのぜんじゆきなが）といわれるが、はっきりしない。
文章の種類	①（　　　）物語
成立	②（　　　）時代前期
内容	約五十年にわたる平家一門の興亡を中心に、戦乱の時代に生きた人々の姿を描く。
特徴	③（　　　）を取り入れ、当時の人々の会話を生かした独特の調子をもった文章。琵琶法師（びわ）が国々を回って語る「④（　　　）」として広まった。

2 歴史的仮名遣い

―― 線を現代仮名遣いに直しなさい。

① あらはす

② つひには

③ まさなう

④ たまへ

⑤ なんぢ

⑥ 心苦しう

知識の泉　A　ア。　「迫真」「就職」は、あとの漢字が前の漢字の目的や対象。「存在」は類義の漢字どうし。

3 助詞の省略 □に補うことができる助詞を書きなさい。

① この人一人□討ちたてまつたりとも

② 熊谷□涙を抑へて申しけるは

4 係り結び 次の文から、助詞「こそ」に対応する結びの語を抜き出しなさい。 教p.120

● あれは大将軍とこそ見まゐらせ候へ。（　　）

係り結びとは▼ 「ぞ・なむ・や・か・こそ」という助詞があると、結びの部分（文末）の形が変わるというきまり。強調などを表す。

5 対句表現 （　）に教科書の言葉を書き入れなさい。 教p.116

・祇園精舎の　鐘の声、（①　　）の響きあり。

・（②　　）の　花の色、盛者必衰のことわりをあらはす。

6 冒頭（祇園精舎） あとの[　]から言葉を選び、（　）に書き入れなさい。 教p.116

● 冒頭は、（①　　）のリズムを基調とする。

● 栄華を極めた（②　　）の没落を暗示している。

[五七調　七五調　平家　源氏]

7 敦盛の最期 （　）に教科書の言葉を書き入れなさい。 教p.118〜124

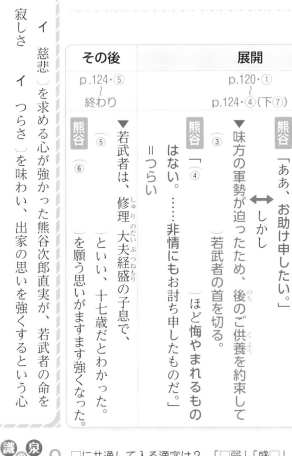

場面	発端	展開	その後
	教初め〜p.118・⑬	p.120・①〜p.124・④（下⑦）	p.124・⑤〜終わり
できごと	▼熊谷次郎直実は、みごとないでたちの武者が沖の船を目指していくのを見つける。 熊谷「身分の高い（①　　）に出会って取り組みたいものだ。」＝手柄を立てたい	▼熊谷は若武者を取り押さえ、殺そうとしたが、ためらう。「・（②　　）の小次郎くらいの年齢。・顔立ちが美しく、態度も立派。」 熊谷「ああ、お助け申したい。」 ↔しかし ▼味方の軍勢が迫ったため、後のご供養を約束して（③　　）若武者の首を切る。 熊谷「（④　　）ほど悔やまれるものはない。……非情にもお討ち申したものだ。」＝つらい	▼若武者は、修理大夫経盛の子息で、（⑤　　）といい、十七歳だとわかった。 熊谷（⑥　　）を願う思いがますます強くなった。

おさえよう

主題 「敦盛の最期」では、当初は（ア 功名　イ 慈悲）を求める心が強かった熊谷次郎直実が、若武者の命を奪う経験を通して、武芸の家に生まれた（ア 寂しさ　イ つらさ）を味わい、出家の思いを強くするという心情の変化が描かれている。

知識の泉 Q □に共通して入る漢字は？「□弱」「盛□」

実力判定テストA ステージ2 平家物語

30分

自分の得点まで色をぬろう！ 100点 80 60 0 /100

解答 13ページ

1 次の文章を読んで、問題に答えなさい。 教p.116

祇園精舎の鐘の声、
①諸行無常の響きあり。
②娑羅双樹の花の色、
盛者必衰のことわりをあらはす。

おごれる人も久しからず、
③ただ春の夜の夢のごとし。
たけき者もつひには滅びぬ、
ひとへに風の前の塵に同じ。

〈「平家物語」による〉

1 ①諸行無常 の意味を次から一つ選び、記号で答えなさい。（8点）

ア この世のものは全て変わることなく常に同じ状態である。
イ この世のものは全て移り変わり、常に同じ状態ではない。
ウ この世のものは常に進化し、同じ状態であることはない。
エ この世のできごとは同じことの繰り返しである。

（　　）

2 よく出る ②盛者必衰 の意味を次から一つ選び、記号で答えなさい。（8点）

ア 栄えている者もいつかは必ず死を迎えるときがくる。
イ 栄えている者もいつかは衰えるときがくるかもしれない。
ウ 栄えている者もいつかはその空しさを自覚することになる。
エ 栄えている者もいつかは必ず衰えるときがくる。

（　　）

3 ③ただ春の夜の夢のごとし とありますが、この部分と対になる表現を、文章中から十二字で抜き出しなさい。（8点）

2 次の文章を読んで、問題に答えなさい。 教p.120・上①～121・上⑫

熊谷、

「あれは大将軍とこそ見まゐらせ候へ。まさなうも敵に後ろを見せさせたまふものかな。返させたまへ。」

と扇を上げて①招きければ、招かれて②とつて返す。みぎはに打ち上がらんとするところに、③押し並べてむずと組んでどうど落ち、とつて押さへて首をかかんと、かぶとを押しあふのけて④見ければ、年十六、七ばかりなるが、薄化粧して、かね黒なり。わが子の小次郎がⓐよはひほどにて、容顔まことに美麗なりければ、⑤いづくに刀を立つべしともおぼえず。

「そもそもいかなる人にてましまし候ふぞ。名のらせたまへ。ⓑ助けまゐらせん。」

と申せば、
⑥「なんぢはたそ。」
と問ひたまふ。

知識の泉 **A 衰。** 衰弱＝似た意味の漢字，盛衰＝対になる意味の漢字，の組み合わせ。

「ものその者で候はねども、武蔵（むさし）の国の住人、熊谷（くまがへの）次郎直実（じらうなほざね）。」と名のり申す。「さては、⑦なんぢにあうては名のるまじいぞ。⑧なんぢがためにはよい敵ぞ。名のらずとも首を取つて人に問へ。見知らうずるぞ。」とぞのたまひける。

〈「平家物語（へいけものがたり）」による〉

1 ⓐ・ⓑを現代仮名遣いに直し、全て平仮名で書きなさい。　5点×2（10点）

ⓐ（　　）　ⓑ（　　）

2 よく出る ①招きければ　②とつて返す　はそれぞれ誰の動作ですか。次から一つずつ選び、記号で答えなさい。　5点×2（10点）

ア 熊谷　イ 小次郎　ウ 若武者　エ 作者

①（　　）　②（　　）

3 ③押し並べて　とありますが、何を並べたのですか。漢字一字で書きなさい。（6点）

□

攻略！「どうど落ち」に着目。二人は何かに乗っていたのである。

4 ④見ければ　とありますが、何を見たのですか。（8点）

（　　）

5 よく出る ⑤いづくに刀を立つべしともおぼえず　について答えなさい。

(1) このときの熊谷の気持ちを次から一つ選び、記号で答えなさい。（6点）

ア 焦（あせ）り　イ 哀（あわ）れみ　ウ 絶望　エ 怒り

（　　）

(2) 熊谷がこのように思ったのはなぜですか。その理由を現代語で書きなさい。（8点）

（　　）

6 ⑥なんぢはたそ。を現代語に直しなさい。（8点）

（　　）

7 よく出る ⑦なんぢにあうては名のるまじいぞ　と言った理由を次から一つ選び、記号で答えなさい。（10点）

ア 強い武者として知られていながら負けたので、名に傷がつくと思ったから。

イ 自分の名前を相手は知らないだろうから、名のってもむだと考えたから。

ウ 身分の違いから名のるべき相手ではないという武士としての誇（ほこ）りがあったから。

エ もし自分が死んだことが味方に知れたら、今後の戦いに影響するだろうと考えたから。

（　　）

攻略！熊谷よりもかなり身分が高い武士であることをおさえよう。

8 記述 ⑧なんぢがためにはよい敵ぞ。とありますが、「よい敵」とは熊谷にとってどういう人物のことですか。二十字以内で書きなさい。（10点）

知識の泉 Q「□意識・□関係」に共通してあてはまる打ち消しの意味を表す漢字は？

実力判定テストB　ステージ3　平家物語

次の文章を読んで、問題に答えなさい。

教 p.122・上①〜124・上④

30分

自分の得点まで色をぬろう!　合格!　100点　80　60　0　/100

解答 13ページ

熊谷（くまがへ）、

「あつぱれ、大将軍（たいしやうぐん）や。この人一人（いちにん）討ちたてまつたりとも、負くべき戦に勝つべきやうもなし。また討ちたてまつらずとも、勝つべき戦に負くることもよもあらじ。小次郎（こじらう）が薄手（うすで）負うたるをだに、直実（なほざね）はⓐ心苦しうこそ思ふに、この殿の父、討たれぬと聞いて、いかばかりか嘆きたまはんずらん。①あはれ、助けたてまつらばや。」

と思ひて、ⓘ後ろをきつと見ければ、土肥（とひ）・梶原（かぢはら）五十騎ばかりで続いたり。

熊谷涙を抑（おさ）へて申しけるは、

「助けまゐらせんとは存じ候（さう）へども、②味方の軍兵雲霞（ぐんびやううんか）のごとく候ふ。③よも逃れさせたまはじ。人手（ひとで）にかけまゐらせんより、④同じくは、直実が手にかけまゐらせて、後（のち）の御孝養（ⓐおんけうやう）をこそつかまつり候はめ。」

と申しければ、

「ただ、とくとく首を取れ。」

とぞのたまひける。

ⓤ熊谷あまりにいとほしくて、いづくに刀を立つべしともおぼえず、目もくれ心も消えはてて、前後不覚におぼえけれども、さてしもあるべきことならねば、⑤泣く泣く首をぞかいてんげる。

「あはれ、⑥弓矢取る身ほど口惜しかりけるものはなし。武芸の家に生まれずは、なにとてかかる憂（う）きめをば見るべき。ⓑ情けなうも討ちたてまつるものかな。」

とかきくどき、袖を顔に押し当てて⑦さめざめとぞ泣きゐたる。

〈「平家物語（へいけものがたり）」による〉

1　〜〜線ⓐ・ⓑを現代仮名遣いに直し、全て平仮名で書きなさい。　4点×2（8点）

ⓐ（　　　）　ⓑ（　　　）

2　ⓐ心苦しうこそ思ふ　ⓘ後ろをきつと見ければ　ⓤ熊谷あまりにいとほしくて　の意味を次からそれぞれ一つずつ選び、記号で答えなさい。　4点×3（12点）

ⓐ
ア　にがにがしく思う　イ　つらく思う
ウ　申し訳なく思う　エ　つまらなく思う
（　　）

ⓘ
ア　後方をじっとにらみつけて
イ　後方をあわてて見たものの
ウ　後方をさっと見たところ
エ　後方をそっとうかがったので
（　　）

ⓤ
ア　熊谷はとてもいやになって
イ　熊谷をとてもいじらしく思い
ウ　熊谷をあまりに気の毒に思い
エ　熊谷はあまりにかわいそうで
（　　）

知識の泉　A　**無。**　打ち消しの意味を表す漢字には，主に「非・不・未・無」などがある。

3 よく出る ①あはれ、助けたてまつらばや。とありますが、熊谷がこのように思ったのはなぜですか。現代語で二つ書きなさい。 15点×2（30点）

（　　　）
（　　　）

4 ②味方の軍兵雲霞のごとく とありますが、「味方の軍兵」について具体的に書かれた部分を、文章中から十一字で抜き出しなさい。 （8点）

5 ③よも逃れさせたまはじ。の意味を次から一つ選び、記号で答えなさい。 （8点）

ア　たぶんお逃げになることはないでしょう。
イ　決してお逃げにはなれないでしょう。
ウ　きっと逃がして差しあげましょう。
エ　やはり逃がして差しあげられないでしょう。

（　　　）

6 記述 ④同じくは とありますが、何が同じなのかを書きなさい。 （8点）

7 ⑤首をぞかいてんげる について答えなさい。

(1) 誰が、誰の首を切ったのですか。（　）にあてはまる言葉を□から選び、書き入れなさい。 3点×2（6点）

（①　　　）が（②　　　）の首を切った。

熊谷　小次郎　土肥・梶原　殿

(2) この部分の結びの語「げる」に対応する助詞を抜き出しなさい。 （4点）

（　　　）

8 よく出る ⑥弓矢取る身 とありますが、これはどのような者ですか。次の文の□にあてはまる言葉を、文章中から四字で抜き出しなさい。 （8点）

□□□□に生まれた者。

9 レベルUP ⑦さめざめとぞ泣きゐたる とありますが、このときの熊谷の心情を次から一つ選び、記号で答えなさい。 （8点）

ア　つらい殺生をせざるを得ない自分の立場がやりきれない。
イ　都合が悪いところへやってきた味方の軍勢がうらめしい。
ウ　武士として生まれてしまった若武者の運命が気の毒だ。
エ　欲に目がくらんで非情な行いをした自分が情けない。

（　　　）

5 古典に学ぶ

知識の泉 Q 慣用句「横車を押す」の意味は？

確認のワーク ステージ1

漢詩の世界

漢文の読み方 漢詩の形式

教科書の要点

1 漢詩の形式 （　）に教科書の言葉を書き入れなさい。 教 p.136

絶句（ぜっく）	全体が四句からなる詩	一句の字数が五字→①（　　）絶句 一句の字数が七字→②（　　）絶句
律詩（りっし）	全体が八句からなる詩	一句の字数が五字→③（　　）律詩 一句の字数が七字→④（　　）律詩

※絶句は四つの句をそれぞれ「起句（きく）」・「承句（しょうく）」・「転句（てんく）」・「結句（けっく）」という。

2 書き下し文 次の漢文を書き下し文に直しなさい。 教 p.136

① 驚(カス)レ心(ヲ)。 （　　　）

② 下(ル)二揚(やう)州(しう)(ニ)一。 （　　　）

③ 欲(ほつス)レ不(ざランレ)レ勝(たヘ)レ簪(しんニ)。 （　　　）

解答 14ページ ｜ スピードチェック 17ページ ｜ 予想問題 130ページ

学習のねらい
- 漢詩の表現やリズムに注意して、漢詩の世界を味わおう。
- 漢詩に詠（よ）まれた情景や古人の心情を捉えよう。

3 漢文の訓読 次の漢文に、下の書き下し文を参考にして送り仮名（が）と返り点をつけなさい。 教 p.136

① 欲 然。【然（も）えんと欲（ほっ）す。】

② 抵 万 金。【万金（ばんきん）に抵（あた）る。】

③ 不 覚 暁。【暁（あかつき）を覚えず。】

④ 百 聞 不 如 一 見。【百聞は一見に如（し）かず。】

送り仮名	漢字の右下に片仮名で小さく書かれた文字。歴史的仮名遣いを用いる。
返り点	訓読するために漢字の左下につける記号。 ●レ点…一字だけ上の字に返る。 ●一・二点…二字以上離れた上の字に返る。

4 表現の特徴 （　）に教科書の言葉を書き入れなさい。 教 p.137

(1)（　　　）…句の末尾（まつび）に、音で同じ響きをもつ字を置くこと。五言詩では偶数（ぐうすう）句の末尾、七言詩では第一句と偶数句の末尾に置く。

※「春暁（しゅんぎょう）」は五言詩だが、例外的に第一句も押韻（おういん）している。

(2)（　　　）…構造の似ている句を対（つい）にして並べる表現技法。

知識の泉 A 理屈に合わないことを無理に押し通すこと。 車は本来，前後にしか動かないことから。

5 内容理解 （　）に言葉を書き入れなさい。

(1) 「春暁（しゅんぎょう）」 教 p.132

作者	①（　　　）
詩の形式	②（　　　）
内容 起句	春の眠りは気持ちがよく、③（　　　）が明けたのにも気づかない。
内容 承句	外はいい天気らしく、あちらこちらで④（　　　）が聞こえる。
内容 転句	そういえば、昨夜以来⑤（　　　）の音がしていた。
内容 結句	さぞ花がたくさん⑥（　　　）ことだろう。

(2) 「黄鶴楼（こうかくろう）にて孟浩然（もうこうねん）の広陵（こうりょう）に之（ゆ）くを送る」 教 p.133

作者	①（　　　）
詩の形式	②（　　　）
内容 起句	古くからの友人である孟浩然は、西の方にあるこの③（　　　）に別れを告げる。
内容 承句	花がすみの春④（　　　）に、揚州（ようしゅう）へと舟（ふね）で下って行く。
内容 転句	遠くにぽつんと見える帆（ほ）掛け舟（ふね）の姿が、青い⑤（　　　）のかなたに消える。
内容 結句	あとはただ長江（ちょうこう）が天の果てまで流れているのを見るだけ。

(3) 「春望」 教 p.134

作者	①（　　　）
詩の形式	②（　　　）
内容 一・二句	国の都が破壊されても、③（　　　）は昔の姿のままに存在し、今年の春も草木が青々と生（お）い茂（しげ）っている。
内容 三・四句	時世のありさまに悲しみを感じては、④（　　　）を見ても涙をこぼし、家族との別れを悲しみ嘆いては、鳥の声にも胸を痛める。
内容 五・六句	戦乱が三か月間続き、家族からの手紙は大金に値する。
内容 七・八句	頭の⑤（　　　）はかくたびに抜け落ちて薄くなり、全く簪（しん）をさすこともできないほどだ。

(4) 「絶句」 教 p.137

作者	①（　　　）
詩の形式	②（　　　）
内容 起句	川は深みどりに澄み渡り、水鳥はいっそう白く見える。
内容 承句	山は青々と茂り、花は燃えるように真っ赤に咲いている。
内容 転句	今年の③（　　　）もみるみるうちに過ぎていく。
内容 結句	いつになったら、故郷に帰る年が来るのか。

おさえよう

主題

●春暁…〔ア 春　イ 冬〕の眠りの心地よさと、明るくのどかな気分をうたう。

●黄鶴楼にて孟浩然の広陵に之くを送る…旅立つ友人との別れを〔ア 楽しむ　イ 惜しむ〕気持ちを春の情景の中にうたう。

●春望…人間と自然の営みを対比し、戦乱によって〔ア 家族　イ 友人〕と離れて暮らさざるを得ない悲しみをうたう。

●絶句…春の美しい景色を目にし、いっそう募る〔ア ここに住みたい　イ 故郷へ帰りたい〕という心情をうたう。

知識の泉 Q □にあてはまる共通の漢字は？　詳□＝委□

実力判定テストA ステージ2

漢詩の世界

漢文の読み方　漢詩の形式

30分

自分の得点まで色をぬろう!
100点　80　60　0
/100

解答 14ページ

1 次の漢詩を読んで、問題に答えなさい。

教p.132

春暁（しゅんげう）　孟浩然（まうかうねん）

春眠（しゅんみん）［　　］
①処処啼鳥（しょしょていてう）を聞く
②夜来（やらい）風雨の声
花落つること知りぬ多少ぞ

春　眠　不（ず）レ　覚（エ）レ　暁（ヲ）
①処　処　聞　啼　鳥
夜　来　風　雨（ノ）　声
花　落（ツルコト）　知（リヌ）　多　少（ゾ）

〈「漢詩の世界」による〉

1 よく出る　この漢詩の形式を次から一つ選び、記号で答えなさい。（4点）

ア　五言絶句（ごごんぜっく）　イ　五言律詩（りっし）
ウ　七言絶句（しちごん）　エ　七言律詩

2 押韻（おういん）されている漢字を順に全て抜き出しなさい。完答（5点）

3 ［　］にあてはまる書き下し文を書きなさい。（6点）

4 ①処処聞啼鳥 について答えなさい。

(1) 書き下し文に合うように、送り仮名と返り点をつけなさい。完答（5点）

処　処　聞　啼　鳥

(2) 「啼鳥」の意味を書きなさい。（4点）

攻略！ 「聞啼鳥」は「啼→鳥→聞」という順序なので、二字以上、上に返ることになる。

5 ②夜来風雨の声 とありますが、これはどういうことですか。簡潔に書きなさい。（8点）

攻略！ 「声」は「こえ」という意味ではない。

6 この漢詩は、どの句で場面が変わっていますか。次から一つ選び、記号で答えなさい。（4点）

ア　起句（きく）（第一句）　イ　承句（しょうく）（第二句）
ウ　転句（てんく）（第三句）　エ　結句（けっく）（第四句）

7 よく出る　この漢詩から読み取れる作者の心情として適切なものを次から一つ選び、記号で答えなさい。（8点）

ア　春の陽気のおかげで安眠できたというのどかな気持ち。
イ　夜中の風で花が散ってしまったことに対する悲しみ。
ウ　鳥の鳴き声で早くに目が覚めてしまったことへの憤慨（ふんがい）。
エ　夜の嵐（あらし）の音に眠りを妨（さまた）げられたことへの怒り。

2 次の漢詩を読んで、問題に答えなさい。

黄鶴楼にて孟浩然の広陵に之くを送る　　李白

教 p.133

①故人西のかた黄鶴楼を辞し
②煙花三月揚州に下る
④孤帆の遠影碧空に尽き
唯だ見る長江の天際に流るるを

故 人 西ノカタ 辞シ二 黄 鶴 楼ヲ一
煙 花 三 月 ③下 揚 州
孤 帆ノ 遠 影 碧 空ニ 尽キ
唯ダ 見ル 長 江ノ 天 際ニ 流ルルヲ

〈「漢詩の世界」による〉

1 押韻されている漢字を順に全て抜き出しなさい。　完答（7点）

2 よく出る ①故人 について答えなさい。

(1) ここでの意味を次から一つ選び、記号で答えなさい。（6点）

ア 亡くなった人　イ 何か訳のある人
ウ 古くからの親友　エ 昔の人

(2) 具体的には誰のことですか。（4点）

3 記述 ②煙花 とありますが、これはどのような情景を表していますか。「……情景。」という形で書きなさい。（10点）

攻略！ この場合の「煙」は、霞やもやのことを表している。

4 ③下揚州 とありますが、書き下し文に合うように、送り仮名と返り点をつけなさい。　完答（7点）

下 揚 州

攻略！ 「揚→州→下」という順序なので、二字以上、上に返ることになる。

5 ④孤帆の遠影碧空に尽き とありますが、どのような様子を表現していますか。次から一つ選び、記号で答えなさい。（8点）

ア 一そうの小舟が青い空の下で漂っている様子。
イ 一そうの小舟が大空を飛んでいるように見える様子。
ウ 一そうの小舟が次第に遠ざかっていく様子。
エ 一そうの小舟がとても速く移動している様子。

6 倒置法が使われている句はどれですか。次から一つ選び、記号で答えなさい。（6点）

ア 起句（第一句）　イ 承句（第二句）
ウ 転句（第三句）　エ 結句（第四句）

7 よく出る この漢詩には作者のどのような気持ちがこめられていますか。次から一つ選び、記号で答えなさい。（8点）

ア 雄大な自然に対する驚きの気持ち。
イ 友人との別れを惜しむ気持ち。
ウ 春の景色ののどかさを楽しむ気持ち。
エ 友情のすばらしさに感謝する気持ち。

漢詩の世界
漢文の読み方　漢詩の形式

実力判定テストB　ステージ3

30分

自分の得点まで色をぬろう！
100点　80　60　0
/100

解答 14ページ

1 次の漢詩を読んで、問題に答えなさい。

教 p.134

春望　　杜甫（とほ）

①国破れて山河在り
城春にして草木深し
時に感じては花にも涙を濺（そそ）ぎ
別れを恨（うら）んでは鳥にも心を驚かす
［　　　　　］
③家書万金（ばんきん）に抵（あた）る
白頭搔（か）けば更に短く
④渾（す）べて簪（しん）に勝（た）へざらんと欲（ほっ）す

国破レテ山河在リ
城春ニシテ草木深シ
感ジテハ[レ]時ニ花ニモ濺ギ[レ]涙ヲ
②恨別鳥驚心
烽火連ナリ[二]三月[一]ニ
家書抵ル[二]万金[一]ニ
白頭搔ケバ更ニ短ク
渾ベテ欲ス[レ]不ざラント[レ]勝ヘ[レ]簪ニ

〈「漢詩の世界」による〉

1 ①国破れて山河在り　について答えなさい。

(1) この句と対（つい）になっている句を抜き出しなさい。（6点）

(2) この句はどのようなことを表していますか。（10点）

2 よく出る　②恨　別　鳥　驚　心　に送り仮名と返り点をつけなさい。　完答（8点）

恨　別　鳥　驚　心

3 ［　　］にあてはまる書き下し文を書きなさい。（8点）

4 記述　③家書万金に抵る　のは、なぜですか。（10点）

5 ④渾べて簪に勝へざらんと欲す　とありますが、どのようなことを言っているのですか。次から一つ選び、記号で答えなさい。（10点）

ア 豊かな髪の毛に簡単に簪をさすことができた、気力あふれる若いころにもう一度戻りたいということ。

イ 戦に勝ち褒美（ほうび）の簪を手に胸を張って故郷に帰るまでは、戦場でのつらい生活にもたえていこうということ。

ウ 白髪頭（しらが）の年老いた姿に簪は似合わないし、戦に勝つこともできないので早く家に帰りたいということ。

エ 心労と老いのせいで髪の毛が抜け落ちて薄くなってしまったので、簪をさすこともできないということ。

6 この詩の後半にうたわれている作者の思いを次から一つ選び、記号で答えなさい。（8点）

ア　親しい友人との別れの悲しみ。
イ　自然界に感じる無常の思い。
ウ　過ぎ去っていく春を惜しむ心。
エ　家族との別離の悲しみと老いへの嘆き。

（　　）

2 次の漢詩を読んで、問題に答えなさい。

教 p.137

絶句　杜甫（とほ）

①江碧（かうみどり）にして鳥逾（いよいよ）白く
山青くして花然（も）えんと欲（ほっ）す
②今春看（こんしゆんみすみす）又過ぐ
何（いづ）れの日か是（こ）れ帰年ならん

江　碧ニシテ　鳥　逾　白ク
山　青クシテ　花　欲レス　然エント
今　春　看　又　過グ
何レノ　日カ　是レ　帰　年ナラン

〈「漢詩の形式」による〉

1 この詩の形式を漢字四字で答えなさい。（6点）

2 押韻（おういん）されている漢字を順に全て抜き出しなさい。完答（6点）

3 ①江碧にして鳥逾白く　について答えなさい。

(1) 第一句と第二句が対句になっていることをふまえ、①「江」②「鳥」が対応している語を、漢詩の中からそれぞれ一字で抜き出しなさい。3点×2（6点）

①　　②

(2) 「白く」と対応している色は何色ですか。漢字一字で書きなさい。（6点）

4 ②今春看又過ぐ　とありますが、この句の説明として適切なものを次から一つ選び、記号で答えなさい。（8点）

ア　一・二句と同様に、自然の美しさを賞賛している。
イ　一・二句のまとめとして、命の尊さを強調している。
ウ　一・二句から転じ、時の移り変わりの早さを嘆いている。
エ　一・二句に加え、自然のはかなさを惜しんでいる。

（　　）

5 レベルUP　この漢詩には作者のどのような気持ちがこめられていますか。次から一つ選び、記号で答えなさい。（8点）

ア　今年の春もまた過ぎてしまって、故郷へ帰ることはもう無理だろうと悟る気持ち。
イ　故郷に帰らないですむのであればそのほうがよいと、現在住んでいる土地を離れがたく思う気持ち。
ウ　いつ帰っても大丈夫なように、故郷のことは忘れないようにしようと強く決意する気持ち。
エ　いつになったら故郷へ帰ることができるのだろうかという、悲しみのこもった望郷の気持ち。

（　　）

知識の泉　Q ——線を正しく書き直すと？　短刀直入に話を切り出す。

確認のワーク ステージ1

漢字のしくみ1 熟語の構成・熟字訓（漢字を身につけよう⑤）

解答 15ページ　スピードチェック 8ページ

学習のねらい
- 代表的な二字熟語の組み立て方を覚えよう。
- 特別な読み方をする熟字訓を学ぼう。

漢字

1 漢字の読み 読み仮名（がな）を横に書きなさい。

＊は新出漢字　▼は新出音訓・◎は熟字訓

❶ ＊凹＊凸　❷ ＊慶＊弔　❸ ＊遷都　❹ ＊匿名

❺ 失＊踪　❻ ＊俊足　❼ 悔＊恨　❽ ＊葛＊藤

❾ 進＊捗　❿ ＊冥福　⑪ ＊哀＊愁　⑫ ＊謙＊遜

⑬ ＊伯仲　⑭ ◎相撲　⑮ ◎時雨　⑯ ◎日和

2 漢字の書き 漢字に直して書きなさい。

❶ 難問に（ちょうせん）する。　❷（にちぼつ）の時間。

❸ 飛行機に（とうじょう）する。　❹（ぶんだん）デビュー。

❺（らいめい）がとどろく。　❻ 救命（どうい）。

❼（きっぽう）が届く。　❽（ろうば）心。

基本問題

1 （　）に教科書の言葉を書き入れなさい。

●漢字二字の熟語の代表的な組み立て方　教 p.138〜139

①（　）と述語の関係になっているもの	人造（人が↓造る）	地震（じしん）・県立　日没・船出
②（　）の意味をもつもの	有無（有る↔無い）	大小・左右　送迎・開閉
③（　）意味をもつもの	温暖（温かい＋暖かい）	歓喜・価値　規則・状況
④あとの漢字が、前の漢字の（　）や対象を表すもの	転居（転ずる↑居を）　帰国（帰る↑国に）	降車・決心　就職・登山
⑤前の漢字があとの漢字を（　）するもの	激流（激しい↓流れ）	高価・直進　賢人・親友

熟語の組み立て方には、いくつかの決まった型があるよ。

●その他の組み立て方

同じ漢字を繰り返したもの（畳語（じょうご））	多々（多の繰り返し）	堂々・転々
前の漢字が（⑥　　）の意味を表すもの	無害（害が無い）	未完・無敵 不安・非常
（⑦　　）な意味を前やあとにつけたもの	公的（公のことに関するさま）	知性・美化 整然・御社
長い熟語が省略されたもの	入試（入学試験）	学割・国連

●熟字訓

例えば、「今朝」は、「今朝」という熟語全体に対して、「けさ」という一つの訓で読む。このように、漢字の組み合わせ全体に対して、一つの（⑧　　）読み（和語）を当てたものを（⑨　　）という。

2 よく出る **次の熟語の組み立てをあとから一つずつ選び、記号で答えなさい。**

① 学習（　　）　② 雪国（　　）
③ 私有（　　）　④ 天地（　　）
⑤ 登山（　　）　⑥ 進退（　　）

ア 主語と述語の関係になっているもの
イ 反対の意味をもつもの
ウ 似た意味をもつもの
エ あとの漢字が、前の漢字の目的や対象を表すもの
オ 前の漢字があとの漢字を修飾するもの

3 **次の熟語と組み立てが同じものをあとからそれぞれ選び、記号で答えなさい。**

① 黒板（　　）　② 順々（　　）
③ 雷鳴（　　）　④ 洗顔（　　）
⑤ 往復（　　）　⑥ 未完（　　）
⑦ 希望（　　）　⑧ 私的（　　）
⑨ 農協（　　）

ア 美化　**イ** 非力　**ウ** 植樹　**エ** 深海
オ 高校　**カ** 国立　**キ** 衣服　**ク** 段々
ケ 発着

4 **次の各組の中から熟語の組み立て方が他と異なるものを一つ選び、記号で答えなさい。**

① **ア** 連続　**イ** 温暖　**ウ** 新鮮　**エ** 強力（　　）
② **ア** 完全　**イ** 理性　**ウ** 進化　**エ** 必然（　　）
③ **ア** 作曲　**イ** 開会　**ウ** 永久　**エ** 減量（　　）

攻略！ 2の選択肢の内容を参考にして考えよう。

5 **次の熟字訓の読み方を書きなさい。**

① 五月雨（　　）　② 土産（　　）
③ 風邪（　　）　④ 七夕（　　）
⑤ 笑顔（　　）　⑥ 景色（　　）
⑦ 心地（　　）　⑧ 竹刀（　　）

知識の泉　Q　それぞれの□にあてはまる漢字は？　拡□⇔縮□

解答 15ページ　スピードチェック 9ページ

確認のワーク ステージ1

複数の情報を関連づけて考えをまとめる
共生社会に関するデータ／自立とは「依存先を増やすこと」ほか

学習のねらい
- 筆者の考えとその根拠となった体験を読み取ろう。
- 投稿文の書き方を捉えよう。

漢字

1 漢字の読み 読み仮名を横に書きなさい。

❶ 車*椅子　❷ 二人三*脚

*は新出漢字　▼は新出音訓・◎は熟字訓

2 漢字の書き 漢字に直して書きなさい。

❶（ににんさんきゃく）の生活。　❷（くるまいす）を使う。

基本問題　共生社会に関するデータ　教p.144

★ 1の「近所づき合いの程度の変遷」のグラフから読み取れることを一つ選び、記号で答えなさい。

ア「あまりつき合っていない」と答えた人の割合は、一九七五年から二〇一八年にかけて三倍以上増加している。

イ「親しくつき合っている」と答えた人の割合は、一九七五年から二〇一八年にかけて年々減少している。

ウ「つき合いはしているが、あまり親しくはない」と答えた人の割合は、一九七五年から二〇一八年にかけて変化していない。

（　　）

押さえよう

要旨 依存先を（ア 減らして　イ 増やして）いくことこそが自立であり、全ての人に通じる普遍的なことである。頼れる場所を開拓すれば、社会や他者は自分を（ア 支えて　イ 独立させて）くれるものになる。

教科書の要点　自立とは「依存先を増やすこと」　教p.146〜149

1 構成のまとめ （　）に言葉を書き入れなさい。

序論	本論	結論
教はじめ〜p.146・③	p.146・④〜148・⑯	p.148・⑰〜終わり
●脳性麻痺（まひ）の筆者→日常生活を送る上で他者の（①）は欠かせない。	●一九七〇年代…脳性麻痺はリハビリで九割は治るといわれていた。 ▼親がいなければ生きていけないという（②）を幼い頃から抱えていた。 ●一九八〇年代…「障がいは身体の中ではなく外にある」という考え方がスタンダードに。 ▼「（③）にならなくても社会に出られる」 ▼一人暮らしを始める→依存できる先を増やしていけば（④）できる。	▼依存先を増やしていくことが（④）であり、他者や社会の中に（⑤）を開拓すれば、それらは自分を支えてくれる。

知識の泉　A 大・小。「拡-縮」「大-小」がそれぞれ対の関係になっている。

基本問題　自立とは「依存先を増やすこと」／投稿文

1 次の文章を読んで、問題に答えなさい。

教 p.148・⑤〜149・④

　また、外出時に見ず知らずの人にトイレの介助を頼んだこともありました。たくさんの人が助けてくれました。こうした経験から次第に人や社会に関心をもつようになり、入学当初目指していた数学者ではなく、医学の道を志すことを決めたのです。

　それまで私が依存できる先は親だけでした。だから、親を失えば生きていけないのでは、という不安がぬぐえなかった。でも、①一人暮らしをしたことで、友達や社会など、依存できる先を増やしていけば、自分は生きていける、自立できるんだということがわかったのです。

「自立」とは、依存しなくなることだと思われがちです。でも、そうではありません。「依存先を増やしていくこと」こそが、自立なのです。これは障がいの有無にかかわらず、②全ての人に通じる普遍的なことだと、私は思います。

　これから皆さんが接していく他者や社会というものは、自分の前に立ちはだかるものかもしれません。でも、皆さん自身がそれに立ち向かい、その中に頼れる場所を開拓していくことで、やがて皆さんを支えてくれるものへと変わっていくのです。

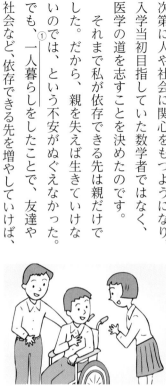

〈熊谷晋一郎「自立とは『依存先を増やすこと』」による〉

1 よく出る　①一人暮らし　とありますが、一人暮らしをしたことで、筆者にはどのような気持ちの変化がありましたか。

（　　　　　　　　　　）

2 攻略！　——線①の前後の内容に着目しよう。

②全ての人に通じる普遍的なこと　とは、どんなことですか。

（　　　　　　　　　　）

3 筆者は、他者や社会はどのようなものだと考えていますか。次から一つ選び、記号で答えなさい。

ア　自分の前に立ちはだかり、打ち勝たなければならないもの。
イ　いつも自分を優しく見守り、励まし勇気づけてくれるもの。
ウ　依存さえしなければ、良好な関係を保っていけるもの。
エ　頼れる場所を見つければ、自分を支えてくれるようになるもの。

（　　）

2 「投稿文」の書き方として適切なものを次から二つ選び、記号で書きなさい。

ア　データを引用する場合は、引用したことがわかるように書く。
イ　読者が課題について考えられるように、幅広い情報を書く。
ウ　課題に対して客観的な立場から、複数の意見を取り上げて書く。
エ　自分の意見とその根拠を明確にし、説得力のある文章を書く。
オ　人物の心情が印象的に伝わるように、表現技法を用いて書く。

（　　）（　　）

知識の泉　Q「進退」と同じ構成の熟語はどっち？　ア＝日没　イ＝難易

確認のワーク ステージ1

文法の窓2 助詞・助動詞のはたらき
文法のまとめ 文の成分の順序と照応・文の種類 ほか

解答 16ページ　スピードチェック 10・19・20ページ

学習のねらい
- 助詞と助動詞の、それぞれのはたらきと種類を理解しよう。
- 文を組み立てている成分の関係に注意しよう。

漢字

1 漢字の読み 読み仮名を横に書きなさい。

＊は新出漢字　▼は新出音訓・◎は熟字訓

❶威＊嚇　❷＊酪農　❸＊鎌　❹＊穂（訓読み）
❺＊釜飯　❻＊酢（訓読み）　❼＊臼歯　❽充＊填
❾処方＊箋　❿解＊剖　⓫＊脊＊椎　⓬▼弓道
⓭▼弟子　⓮▼授かる　⓯▼程遠い　⓰神▼業

2 漢字の書き 漢字に直して書きなさい。

❶（かんよう）な態度。　❷（しゅうち）心。
❸（ひふ）科の医師。　❹（けつまく）炎。
❺（に）込み料理。　❻麦を（か）り取る。

教科書の要点 文法の窓2

1 助詞 （　）に教科書の言葉を書き入れなさい。　教 p.232〜233

(1) **【助詞のはたらき】**

付属語で活用が（　　）、単語と単語の関係を示したり、さまざまな意味をつけ加えたりする。

※付属語とは、常に他の言葉のあとについて用いられる語。

(2) **【助詞の種類】**

種類	はたらき・性質
①（　　）助詞	主に体言につき、その言葉が他の言葉とどういう関係にあるかを示す。例 私が料理を作る。
②（　　）助詞	主に用言や助動詞につき、そこで文が終わらず、次の語句に続いていくことを示す。例 悲しくて泣いた。
③（　　）助詞	さまざまな言葉につき、いろいろな意味をつけ加える。例 あなたも音楽が好きなのですね。
④（　　）助詞	主に文末につき、話し手や書き手の気持ちや、相手へのはたらきかけを示す。例 誰の本ですか。

2 助動詞 （　）に教科書の言葉を書き入れなさい。 教p.233〜236／242〜243

(1) 【助動詞のはたらき】

付属語で活用が（　　　　）、さまざまな意味をつけ加えたり、話し手・書き手の気持ちや判断などを表したりする。

(2) 【助動詞の種類】

助動詞	意味	用例
れる られる	受け身 ①（　　　） 可能 ②（　　　）	父に叱られる。（他からそうされる） 故郷がしのばれる。（自然にそうなる） すぐ調べられる。（そうすることができる） 先生が話される。（そうなさる）
せる・させる	③（　　　）	妹に窓を開けさせる。
だ	④（　　　）	美しい絵だ。
です	丁寧な断定	おもしろい本です。
ます	丁寧	私が発表します。
ない/ぬ(ん)	打ち消し(否定)	雨は降らない。誰も知らぬ。
た（だ）	⑤（　　　） ⑥（　　　） 存続 確認	昨日、遊園地に行った。 宿題が終わったら遊ぼう。 壁にかかった絵を眺める。 明日はどこに集合だったかな。
たい・たがる	⑦（　　　）	行ってみたい。まねをしたがる。
う・よう	⑧（　　　） 勧誘（かんゆう） 推量	明日は早起きしよう。 明日も一緒に行こう。 ときには勝つこともあろう。
らしい	推定	どうもマンションが建つらしい。

※その他の助動詞

○**ようだ**……推定・たとえ・例示　○**そうだ**……様態・伝聞

○**まい**……打ち消しの意志・打ち消しの推量

基本問題 文法のまとめ

1 ①〜③の説明にあてはまる言葉を（　）に書きなさい。

① 一つの文の中に、主語（主部）と述語（述部）を一つずつ含む文。（　　　　）

② 主語（主部）と述語（述部）からなる一つの文の中に、さらに主述の関係をもつ部分がある文。（　　　　）

③ 二つの単文が対等の関係でつながった文。（　　　　）

2 次の文を①と②の意味に読み取れるように、書きかえなさい。

○兄は泥だらけになって逃げていくあひるを追いかけた。

① 「泥だらけになって」いるのは「兄」。

（　　　　　　　　　　　　　　　　　　　　）

② 「泥だらけになって」いるのは「あひる」。

（　　　　　　　　　　　　　　　　　　　　）

3 次の文は、主語と述語の関係が照応していません。適切に照応するように、二通りの文に書きかえなさい。

○私の夢は、学校の先生になりたい。

・（　　　　　　　　　　　　　　　　　　　　）

・（　　　　　　　　　　　　　　　　　　　　）

知識の泉 Q 「絶対的」の対義語は？

実力判定テストA　ステージ2

文法の窓2　助詞・助動詞のはたらき
文法のまとめ　文の成分の順序と照応・文の種類　ほか

30分

自分の得点まで色をぬろう！　100点 80 60 0　/100

解答　16ページ

1 次の文から助詞と助動詞を全て抜き出しなさい。　完答2点×8（16点）

① 十月七日　から　工事　で　体育館　が　使え　なく　なる。
助詞（　　）　助動詞（　　）

② もっと　話し　たかっ　た　のに　時間　が　もう　ない。
助詞（　　）　助動詞（　　）

③ 夏休み　は　両親　と　海外　へ　行く　予定　です。
助詞（　　）　助動詞（　　）

④ 田舎（いなか）　の　祖母　に　手紙　を　書こ　う　と　思い　ます。
助詞（　　）　助動詞（　　）

攻略！ 助詞と助動詞の違いは、活用がないかあるか。

2 次の文が下に示した意味になるように、（　）に適切な格助詞を書き入れなさい。　2点×3（6点）

① その本（　　）ください。〈求めているのは本である。〉

② 公園（　　）友達と遊ぶ。〈遊ぶ場所は公園だ。〉

③ その鉛筆は私（　　）鉛筆だ。〈鉛筆の持ち主は私である。〉

3 次の文の（　）にあてはまる接続助詞を、［　］の中から一つずつ選び、書きなさい。　2点×4（8点）

① 集合場所に行く（　　）、すでにみんな集まっていた。

② バイクが爆音を響かせ（　　）走り去った。

③ 一日ゆっくり休め（　　）、きっと元気になるだろう。

④ あまりにもおかしい（　　）、思わず笑ってしまった。

［ば　ので　と　ながら］

4 よく出る　次の――線の助動詞の意味をあとから選び、記号で答えなさい。　2点×7（14点）

① 彼はまるで子供のようにはしゃいでいる。（　　）

② 将来はどうしてもエンジニアになりたい。（　　）

③ あんなところへはもう二度と行くまい。（　　）

④ 苦手科目の勉強にも力を入れようと思う。（　　）

⑤ アダム君はカナダからの留学生です。（　　）

⑥ もうしばらくの間休ませてやろう。（　　）

⑦ 四歳の時からピアノを習っています。（　　）

ア　丁寧　イ　使役　ウ　たとえ　エ　丁寧な断定
オ　意志　カ　希望　キ　打ち消しの意志

知識の泉　**A　相対的。**　「絶対」＝他に関与（かんよ）されない。「相対」＝他と関連している。

5 よく出る 次の――線の助動詞の意味をあとから選び、記号で答えなさい。 2点×4（8点）

① 体調がよくなったので、おかゆなら食べ<u>られる</u>。（　）
② うっかり手を出すと、猫にひっか<u>かれる</u>よ。（　）
③ 朝晩涼しくなり、ようやく秋の気配が感じ<u>られる</u>。（　）
④ 先生が今から話さ<u>れる</u>ことをよく聞きましょう。（　）

ア 受け身　イ 可能　ウ 自発　エ 尊敬

攻略！「れる」「られる」の四つの意味は文脈で判断する。

6 次の文が受け身の意味になるように、（　）に適切な助動詞を書き入れなさい。 2点×4（8点）

① 彼は思いやりがあり、人から好か（　）性格だ。
② 交渉の末、なんとか要求が認め（　）た。
③ 突然見知らぬ人に声をかけ（　）と警戒してしまう。
④ 父は、とても誠実でみんなから信頼さ（　）ている。

7 次の文が使役の意味になるように、（　）に適切な助動詞を書き入れなさい。 2点×3（6点）

① 堅物（かたぶつ）の彼を笑わ（　）のは至難の業だ。
② こちらの要求を相手に受け入れ（　）ことができた。
③ 母はいつも、姉ではなく私を買い物に行か（　）。

8 次の文について、㋐パスタが好きなのは「私」、㋑二人ともパスタが好き、という意味が明確になるように、書きかえなさい。 5点×2（10点）

・パスタの好きな私と母は評判のレストランへ出かけた。

㋐（　）
㋑（　）

攻略！読点を加える方法と、語順を変える方法がある。

9 よく出る 次の文について、主語と述語の関係が適切に照応するように、述語（述部）を整えて全文を書き直しなさい。 6点×2（12点）

① 私は、彼よりも君のほうがこの仕事に向いている。
（　）
② この映画で私が好きなのは、音楽が場面にマッチしている。
（　）

10 次の文は、あとのどれにあたりますか。記号で答えなさい。 3点×4（12点）

① 父は長野県の出身で、母は大阪府の出身だ。（　）
② 私が買ってくるお菓子を弟はいつもほしがる。（　）
③ 雨が降ったので、運動会は延期になった。（　）
④ とても美しいよ、この高台から見える夕焼けは。（　）

ア 単文　イ 複文　ウ 重文

知識の泉 Q 慣用句「開いた口がふさがらない」の意味は？

実力判定テストB ステージ3

文法の窓2 助詞・助動詞のはたらき
文法のまとめ 文の成分の順序と照応・文の種類 ほか

30分

自分の得点まで色をぬろう！
合格！　もう一歩　がんばろう！
100点　80　60　0
/100

解答 17ページ

1 次の――線の助詞の種類をあとから選び、記号で答えなさい。　2点×10（20点）

① 雨が降ったので、遠足は延期になった。
② 水族館で、イルカやアシカのショーを見る。
③ 彼こそ生徒会長にふさわしい。
④ 明日はきっと勝ってみせるよ。
⑤ 君さえよければ一緒に行こうよ。
⑥ 私の書いた作文が優秀作品に選ばれた。
⑦ そんな意地の悪いことをするな。
⑧ 君だって同じことをするにちがいない。
⑨ 僕は君と違う考え方をしている。
⑩ どうせだれも気にしないから、これでいいや。

ア 格助詞　イ 接続助詞　ウ 副助詞　エ 終助詞

2 よく出る 次の――線の助詞と同じ意味・はたらきのものをあとから選び、記号で答えなさい。　3点×4（12点）

① 先生のおっしゃるとおりにやってみます。
ア りんごは、やはり真っ赤なのがおいしそうだ。
イ 君の言っていることには矛盾点がある。
② 新幹線で祖父母が暮らす広島に向かう。
ア 加える水の量を計量カップで正確に計る。
イ 駅前のデパートで新しいくつを買った。
③ 君さえよければ、それでいいよ。
ア あとはお金さえあれば夢が実現するのになあ。
イ こんなことは子供にさえわかる。
④ 小さじ一杯くらいの塩を加える。
ア 途中でやめるくらいなら、やらないほうがました。
イ ここをまっすぐ十分くらい行けば駅に着きます。

攻略！ 複数のはたらきをもつ助詞は、文脈でどの意味かを判断する。

3 よく出る 次の――線の助動詞の意味をあとから一つずつ選び、記号で答えなさい。　2点×10（20点）

① 田中くんの病気はすっかりよくなったそうだ。
② やっと洋服を一人で着られるようになった。
③ 彼のように優秀な人材はなかなか見つからない。
④ 今年の夏は例年より暑い夏になるだろう。
⑤ 決勝でも引き続き、彼に投げさせる予定だ。
⑥ どういうわけか、私はよく犬にほえられる。
⑦ どう考えても、そんなひどいことにはなるまい。
⑧ このようなことになったのは君の責任だ。
⑨ この件についてはお互い水に流そうよ。
⑩ ずっと建設中だった駅ビルがやっと完成した。

ア 推量　イ 例示　ウ 使役　エ 受け身
オ 伝聞　カ 完了　キ 可能　ク 勧誘《かんゆう》
ケ 断定　コ 打ち消しの推量

知識の泉　A あきれる。　〈例〉今日も忘れ物をするなんて，開いた口がふさがらないよ。

4 よく出る **次の――線の助動詞と同じ意味・はたらきのものをあとから選び、記号で答えなさい。** 2点×4（8点）

① 君が行かないのなら、僕も行くのをやめるよ。（　　）
ア 特におもしろくない話を延々とされてうんざりする。
イ 彼女のことを考えると、せつない気持ちになる。
ウ 事前登録がないと、このサービスは受けられない。

② けがをしたらしいが、たいしたことがないようだ。（　　）
ア まるでにが虫をかみつぶしたような顔をしているよ。
イ どうも問題が易しすぎたようで、満点が何人もいる。
ウ 彼は借りてきた猫のようにおとなしくしている。

③ このサービスは来月から始まるそうだよ。（　　）
ア 五年前にも同様の事件が起きたそうだ。
イ 彼の様子を見ると何の心配もなさそうだ。
ウ 雪でも降ってきそうな空模様だ。

④ どうやら彼の言っていることは事実らしい。（　　）
ア 昨夜から降っていた雨もようやくあがったらしい。
イ 彼が見せた態度はいかにも男らしいものだった。
ウ いつも彼はもっともらしいことを言うが、信用できない。

攻略！ ①答え以外の「ない」は形容詞の一部と補助形容詞。

5 レベルUP **次の文の（　）に、指定の助動詞を活用させて書きなさい。** 4点×5（20点）

① 「だ」
学級会で決まったことは、きちんと守るべき（　　）ある。

② 「たい」
そんなにもこれが食べ（　　）ば、少し分けてあげるよ。

③ 「ない」
こんな驚くべきことが起こるとは、夢にも思わ（　　）た。

④ 「られる」
毎朝六時に起き（　　）ば、ゆっくり準備ができる。

⑤ 「たがる」
私の妹は、いつも私のあとをついて来（　　）ます。

6 **次の文は、意味が二通りにとれます。これを、㋐語順を変える、㋑読点を一箇所つけ加えることで、〈　〉に示す意味にしかとれない文に書きかえなさい。** 5点×4（20点）

① たかし君は汗をかきながら走る弟を追いかけた。
〈「汗をかいている」のが「弟」という意味の文〉
㋐（　　）
㋑（　　）

② 兄は一生懸命泳いでいる友達を応援した。
〈「一生懸命」なのが「兄」という意味の文〉
㋐（　　）
㋑（　　）

知識の泉 Q □にあてはまる漢字は？　楽観⇔□観

確認のワーク　ステージ1

大阿蘇(おおあそ)　言葉発見④ 類義語・対義語、多義語

学習のねらい
- 表現技法とその効果を理解し、情景を読み取ろう。
- 類義語・対義語の意味や用法、多義語について理解しよう。

解答 17ページ

基本問題　大阿蘇

☆ 次の詩を読んで、問題に答えなさい。

教p.156〜157

大阿蘇(おおあそ)　三好(みよし) 達治(たつじ)

雨の中に馬がたっている
一頭二頭子馬をまじえた馬の群れが　雨の中にたっている
雨は蕭々(しょうしょう)と降っている
馬は草をたべている
しっぽも背中もたてがみも　ぐっしょりとぬれそぼって
彼らは草をたべている
草をたべている
あるものはまた草もたべずに　きょとんとしてうなじを垂れてたっている
雨は降っている　蕭々と降っている
山は煙をあげている
中岳(なかだけ)の頂から　うすら黄いろい　重っ苦しい噴煙が濛々(もうもう)とあがっている
空いちめんの雨雲と
やがてそれは①けじめもなしにつづいている
馬は草をたべている
草千里浜(くさせんりはま)のとある丘(おか)の
雨に洗われた青草を　彼らはいっしんにたべている
たべている
彼らはそこにみんな静かにたっている
ぐっしょりと雨にぬれて　いつまでもひとつところに
彼らは静かに集まっている
②もしも百年が　この一瞬の間にたったとしても　何(なん)の不思議もないだろう
雨が降っている　雨が降っている
雨は蕭々と降っている

1 この詩の種類を次から一つ選び、記号で答えなさい。
ア 文語定型詩　イ 文語自由詩
ウ 口語定型詩　エ 口語自由詩　（　　）

2 この詩の多くの行末は「〜ている」になっていますが、このような表現技法を何といいますか。次から一つ選び、記号で答えなさい。
ア 反復　イ 擬人法　ウ 対句　エ 比喩　（　　）

3 ①けじめもなしにつづいているものは何と何ですか。詩の中からそれぞれ二字で抜き出しなさい。
[　　]と[　　]

知識の泉　A 悲。「楽↔悲」の一字が対立している対義語。

4 よく出る ②もしも百年が　この一瞬の間にたったとしても　何の不思議もないだろう　には、作者のどのような気持ちがこめられていますか。次から一つ選び、記号で答えなさい。

ア　自然の大きな営みに圧倒される気持ち。
イ　時間の流れの速さに驚く気持ち。
ウ　おおらかな自然のもとで安らぐ気持ち。
エ　変化のない光景に退屈する気持ち。

（　　）

攻略！ 百年たってもどうなのかということから読み取ろう。

基本問題　言葉発見④

1 よく出る 次の言葉の類義語になるように、□に漢字を書き入れなさい。

①　倹約　＝　□約　　②　準備　＝　用□
③　進歩　＝　□上　　④　欠点　＝　□所

2 次の言葉の対義語を、[　]の漢字を使って書きなさい。

①　易しい　↕　（　　）しい　　②　拡大　↕　（　　）
③　義務　↕　（　　）　　④　増加　↕　（　　）
⑤　客観的　↕　（　　）的　　⑥　積極的　↕　（　　）的

縮　難　収　消　観　極　減
権　肯　入　主　小　利　少

攻略！ 対義語は、共通の漢字をもつ場合と、二字とも違う場合がある。

3 次の――線の言葉の対義語を書きなさい。

①　高い
A　あのビルはとても高い。（　　）
B　高い美術品を購入する。（　　）

②　開く
A　ドアが開く。（　　）
B　首位との差が開く。（　　）

攻略！ ①「高い」のAは垂直方向の高さ、Bは値段のこと。

4 次の――線の多義語の意味をあとから選び、記号で答えなさい。

①
A　岩に波が当たる。（　　）
B　東京の西に当たる。（　　）
C　クイズの答えが当たる。（　　）
D　外に出て風に当たる。（　　）

ア　ぴったり合う　　イ　身に受ける
ウ　その方向にある　　エ　ぶつかる

②
A　失敗ばかりで先生に合わせる顔がない。（　　）
B　兄は怒られても涼しい顔をしている。（　　）
C　月が雲の間から顔を見せた。（　　）
D　彼は音楽の世界で顔が売れている。（　　）

ア　表情　　イ　知名度
ウ　姿　　エ　体面

確認のワーク ステージ1 小さな手袋（漢字を身につけよう⑦）

漢字と言葉

1 漢字の読み 読み仮名を横に書きなさい。

*は新出漢字 ▼は新出音訓・◎は熟字訓

①繁*茂 ②*妖精 ③*瞳（訓読み） ④*診*療所
⑤小▼児科 ⑥*滞留 ⑦▼危ぶむ ⑧*衝撃
⑨*範囲 ⑩ご満*悦 ⑪真*摯 ⑫寿▼命

2 漢字の書き 漢字に直して書きなさい。

①（ひろうえん）を開く。 ②（やくざい）師を目指す。
③（ぎしき）を行う。 ④（ま）酔《すい》をかける。
⑤出費を（おさ）える。 ⑥水が（も）れ出る。

3 語句の意味 意味を下から選んで、線で結びなさい。

①うっそう・ ・ア 木が茂って薄暗い様子。
②むしばむ・ ・イ 急いで走らせる。
③駆る・ ・ウ 少しずつ形を損なう。

解答 18ページ スピードチェック 10・11ページ 予想問題 131ページ

学習のねらい
●主人公の言動から、そのときの心情や意図を読み取ろう。
●登場人物どうしの関係やそれぞれの人物像を捉えよう。

教科書の要点

1 登場人物 （ ）に言葉を書き入れなさい。 教 p.162～171

①シホ…小学（ ）年生のとき、おばあさんに出会う。
②おばあさん…雑木林のそばの（ ）にいる。
③私…シホの（ ）。この物語の語り手。

2 象徴 ［ ］から言葉を選び、書き入れなさい。

(1) 題名＝小さな手袋
「おばあさん」のシホに対する（①）と、手袋がシホの手に渡るまでの時間の経過にともなうシホの（②）を象徴している。
(2) 舞台＝雑木林
「おばあさん」とシホが出会い、ともに時間を過ごした場所として、二人の心の（ ）を象徴している。

愛情 成長 怒り 隔たり 交流

おさえよう

3 構成のまとめ （　）に教科書の言葉を書き入れなさい。教p.162～171

	現在	シホが小学三年生の秋		シホが小学六年生の春	
場面	教はじめ～p.163・①	十月半ば～十一月初旬 p.163・②～p.166・⑲	十一月中旬 p.167・①～p.167・⑲	病院 p.168・①～p.170・⑱	帰途 p.170・⑲～終わり
できごと	物語の舞台の紹介 武蔵野（むさしの）のおもかげを残した（①　　）。	●シホと「おばあさん」が出会う。 ●シホは「おばあさん」の正体を確かめに雑木林に出かける。 ●シホは雑木林へ日参するようになる。 …十一月になり、肌寒くなってもやめない。	●シホの祖父がなくなる。 …シホは初めて（③　　）を体験する。 ●葬儀（そうぎ）から帰ったシホは、雑木林に行かなくなる。	●シホは風邪で発熱し、雑木林のそばの病院へ行く。 ●シホは中年の修道女から話を聞き、「おばあさん」が編んだ（⑥　　）を受け取る。 ●「おばあさん」は、ぼけが激しくなり、もうシホのこともわからないため、会うことはできない。	●病院を辞去したあと、雑木林へ向かう。
心情や様子	▼優しく、温かいイメージ。	▼シホは、「おばあさん」を童話で読んだ（②　　）だと思った。 ……▶雑木林のそばの病院に入院している「おばあさん」だとわかる。 おばあさん シホが行かないと「泣きたくなる」。	▼祖父の死は、シホの小さな胸にも（④　　）を刻んだようだ。 ←シホの中で何かが変化した。 シホ まるで「おばあさん」のことを（⑤　　）かのようだった。 私と妻 そのときの娘の心に立ち入ることはどうしてもできなかった。	▼シホは「おばあさん」のことを思い出す。 おばあさん シホちゃんに渡したいものがあるから、どうしても探してほしい。…修道女に泣いて頼んだ。 ▼手袋を受け取ったシホはかすかな（⑦　　）を漏らす。 シホ 「おばあさん」に「会いたい」。	シホ （⑧　　）へ寄っていきたい。

主題 一人の少女とおばあさんとの交流を、〔ア 父親　イ 少女〕の視点から描いた作品。祖父の死がもたらす少女の心境の変化をからめながら、「小さな手袋」にこめられた〔ア 絶望　イ 愛情〕をとおして、人と人との〔ア すれ違い　イ 触れ合い〕を描いている。

知識の泉 Q 慣用句「お茶を濁す」の意味は？　ア＝説得する　イ＝ごまかす

実力判定テストA ステージ2　小さな手袋

30分　自分の得点まで色をぬろう！　/100

解答 18ページ

1 次の文章を読んで、問題に答えなさい。

教 p.163・⑯～164・⑨

シホは立ちすくんだ。意外なところにおばあさんがいたのだから、それだけでも驚くのはあたりまえである。ところが、おばあさんの様子を観察しているうちに、シホは①震えあがってしまった。つい最近読んだ童話の本を思い出したからである。その本には、魔法を使って人間を石や木に変えてしまう意地悪な妖精が出てきたのだ。それが、目の前のおばあさんとそっくりだった。

――いけない。このおばあさんは、きっと妖精だわ。目を見合わせていると、魔法をかけられちゃう。

とっさに、②シホは伏し目になり、足もとだけを見るようにして、そろそろと後ずさった。

「それは、よかった。実に③適切な判断だった。非常に沈着な行動だったぞ。」

と、私は娘に言った。

「おばあさんが妖精だったら、おまえは雑木林のくぬぎの木にされていたかもしれないんだからな。」

小学三年生の娘は、父親の真面目な反応に大いに満足したようだった。しかし、そばにいた妻は、④笑いを含んだ目つきで、娘と私を見比べていた。娘の話を聞いていた夕食前のテーブルで、その日も私は少し早めの晩酌を、既に定量以上に過ごしていたからである。

〈内海隆一郎「小さな手袋」による〉

1 ①震えあがってしまった　のは、なぜですか。（10点）

2 ②シホは伏し目に……後ずさった　のは、なぜですか。（10点）

攻略！ あとに書かれている理由を簡潔にまとめよう。

3 ③適切な判断　とありますが、その理由を「私」はどのように説明していますか。（10点）

4 よく出る ④笑いを含んだ目つき　からわかる「妻」の気持ちを次から一つ選び、記号で答えなさい。（10点）

ア　お酒に酔って、ありもしない作り話をする「私」にあきれはてている。

イ　からかわれていることに気づかない幼いシホと父親とのやりとりをほほえましく感じている。

ウ　妖精のようなおばあさんとはどんな人なんだろう、と心から不思議に思っている。

エ　童話の世界と現実とは違うことにシホはいつ気がつくのだろうとおもしろがっている。

知識の泉　A　イ。　茶道の心得のない人が適当に茶を濁らせ，それらしく見せたことから。

2 次の文章を読んで、問題に答えなさい。

教 p.165・⑮〜166・⑲

十一月に入って、空気が冷たくなっても、①シホは雑木林へ行くのをやめなかった。学校から帰るとすぐに自転車を駆って出かけた。

「だってえ、あたしが行かないと、おばあちゃんは泣きたくなるんだそうだもの。いつも、あしたも来てね、ってゲンマンするんだよ。」

「こんなに肌寒くなっても、おばあさんは雑木林に来てるのかい。体によくないはずなんだがなあ。」

「ううん。雑木林の中は暖かいんだよ。それに、②あたしがおばあちゃんのショールの中に一緒に入ってると、とっても暖かいんだって。ショールの中でお話をしながら、おばあちゃんは人形を編んでいるんだよ。」

「どんなお話をするんだい。」

「そうねえ。あたしが学校で習ったこと。……それから、大連（だいれん）っていう遠い町のこと。ずうっと前、おばあちゃんは、そこに住んでいたんだって。……それからねえ、二人で③おやつを食べるの。」

紙に包んだ二人分のおやつを、ときおり妻が持たせてやっていた。お菓子の本や家庭医学の本と首っぴきで、高血圧の人に影響のなさそうな菓子を、妻は真剣になって作った。

実は、その頃、妻の父も脳卒中で倒れていたのである。東北に住む病父が、まもなく訪（おとず）れる厳寒の冬を無事に乗りきれるかどうか、大いに危ぶまれていた。

「おばあちゃんがねえ、こんなにおいしいお菓子を作ってくれるお母さんに、ぜひお会いしたいねえって。足が治ったら、きっとお礼に伺いますって……。」

「そうねえ。そのうちお母さんがご挨拶に行かなくちゃね。シホちゃんがとてもかわいがっていただいてるんだしねえ。」

と、④妻は遠くを見る目をして言った。

〈内海（うつみ） 隆一郎（りゅういちろう）「小さな手袋」による〉

---

1 よく出る ①シホは雑木林へ行くのをやめなかった　とありますが、その理由を次から二つ選び、記号で答えなさい。　10点×2（20点）

ア　おばあさんと会うことは、シホにとっても楽しみだったから。
イ　祖父と同じ脳卒中という病気に関心があったから。
ウ　あしたも来てほしいとおばあさんに頼まれるから。
エ　家族に話せないこともおばあさんになら話せたから。
オ　大連の話にとても興味があったから。

（　　）（　　）

2 記述 ②あたしがおばあちゃん……暖かいんだって　とありますが、おばあさんが「暖かい」と感じるのはなぜですか。（15点）

攻略！ 物理的な温度に加えて、心で感じる「暖かさ」があることに注意。

3 ③おやつ　とは、どのようなものでしたか。それが書かれている一文を文章中から抜き出し、はじめの五字を書きなさい。（10点）

□□□□□

4 ④妻は遠くを見る目をして言った　のは、なぜですか。（15点）

知識の泉 Q 「賛成」の類義語は？

実力判定テストB ステージ3

小さな手袋

次の文章を読んで、問題に答えなさい。

教p.169・③〜170・⑱

30分

自分の得点まで色をぬろう!
100点 80 60 0
合格!
/100

解答 18ページ

「あなたがシホちゃんなのね。やっぱりいたのね。ほんとだったのね。」

修道女は、低い声で、①興奮を抑えるようにして、言った。

「探したのよ。宮下さんに頼まれてねえ。」

修道女の話によると、②シホが会いにこなくなってから一か月ほど、おばあさんは毎日のように雑木林に行って待っていたのだそうだ。そのうちに十二月の半ばが過ぎて、寒気が厳しくなったので、病院では外出を許さないようにした。今にきっと、シホちゃんは病院のほうに来てくれるわよ、と修道女たちはおばあさんをなだめるばかりだった、という。

クリスマスの近づいたある日。おばあさんは③修道女に泣いて頼んだそうだ。——④シホちゃんに渡したいものがあるから、どうしても探してほしい。これを渡すだけでいいのだから、見つけて連れてきてください。

「宮下さんは、よほどシホちゃんが好きだったのね。——私たちは手分けして、この辺り一帯を探しました。でも、このカルテのご住所を見ると、探した範囲からはだいぶ離れているようねえ。」

修道女はため息をついて、小さく笑った。そして、ちょっと待ってね、と言いおいて薬剤室へ入っていった。しばらくしてから、彼女は茶色の袋を持って現れた。

「これ、そのときの宮下さんからシホちゃんへのクリスマスプレゼントなのよ。あのあと、私が預かっていました。」

二年以上も、とつぶやきながら、シホは袋を開けてみた。手袋だった。赤と緑の毛糸で編んだミトンのかわいい手袋だった。

「それはね、宮下さんがシホちゃんにないしょで、毎晩少しずつ編んだものなのよ。あの不自由な手で、一か月半もかかって……。」

⑤手袋は、それほど長い日数をかけたにしては、余りに小さかった。普通の五倍も時間がかかるという苦しい思いをして、ようやく編みあげた手袋だった。

⑥シホは、小さな手袋を両手に包み、顔を強く押しつけた。かすかなおえつが漏れ出た。

「それで。」と私が代わりに聞いた。「宮下さんは、今どうなさっていますか。」

「はい、お元気ですよ。まだ、この病院に入院していらっしゃいます。」

シホが顔を上げた。涙でぬれた目が輝いた。

⑦「会いたい。会ってもいいですか。」

シホは、すぐさま走りだそうという気配を見せた。それを修道女が静かに押しとどめた。

「会ってもしかたありません。もうシホちゃんが誰なのか、わからないんですよ。この一年ほどで、急にぼけが激しくなりましてね。……しきりに大連(だいれん)のことばかり話しています。周りの人を、

知識の泉 A 同意。賛同。　対義語は「反対」。

みんな大連に住んでいたときの近所の人だと思いこんでね。ご本人は大連にいるんだって思っているんでしょうね。」

「大連に……。」

「そう。宮下さんは、もう大連へ帰ってしまったんですよ。昔の大連にね。」


〈内海隆一郎「小さな手袋」による〉

1 ①興奮を抑えるようにして　とありますが、このとき修道女が感じていた気持ちを次から一つ選び、記号で答えなさい。（10点）

ア　シホを思い続けていたおばあさんに対する哀れみ。
イ　二年以上も会いにこなかったシホに対する怒り。
ウ　シホが実在し、突然現れたことに対する驚き。
エ　おばあさんの話を信じなかった自分に対する反省。

2 ②シホが会いにこなくなってから……待っていたのだそうだ　とありますが、ここからわかることを次から一つ選び、記号で答えなさい。（10点）

ア　おばあさんにとってシホが大きな心の支えになっていたこと。
イ　おばあさんが雑木林をとても好きだったということ。
ウ　突然来なくなったシホをおばあさんが恨んでいたこと。
エ　おばあさんが自分からシホを探しに行こうとしていたこと。

3 ③修道女に泣いて頼んだ　ときのおばあさんの気持ちを説明しなさい。（15点）

4 よく出る ④シホちゃんに渡したいもの　とは、具体的にはどのようなものでしたか。（10点）

5 ⑤手袋は、それほど長い日数をかけたにしては、余りに小さかった。について答えなさい。

(1) 「長い日数」がかかってしまったのはどうしてですか。（10点）

(2) レベルUP 「余りに小さかった」とは、どのようなことを意味していますか。（15点）

6 記述 ⑥シホは、小さな手袋を両手に包み……かすかなおえつが漏れ出た。とありますが、このときのシホの気持ちを書きなさい。（15点）

7 ⑦会いたい。会ってもいいですか。とありますが、このときのシホの気持ちを書きなさい。（15点）

知識の泉 Q □にあてはまる漢字は？　絶□絶命

確認のワーク ステージ1

動物園でできること

漢字のしくみ2 熟語の読み

学習のねらい
- 文章の全体と部分との関係に注意して、内容を捉えよう。
- 考えと例示との関係に注意して、筆者の主張を読み取ろう。

漢字と言葉

1 漢字の読み 読み仮名を横に書きなさい。

＊は新出漢字
▼は新出音訓・◎は熟字訓

❶ 家＊畜　❷ ＊施設　❸ 繁＊殖　❹ ＊狩り
❺ ＊幻想的　❻ ＊誇らしい　❼ ＊喪中　❽ ＊軒先

2 漢字の書き 漢字に直して書きなさい。

❶ 計画を（じっせん）する。　❷ （さんばし）に船が着く。
❸ （うで）を磨く。　❹ 餌を（あた）える。

3 重箱(じゅうばこ)読み・湯桶(ゆとう)読み 次の熟語を、①重箱読み、②湯桶読み、③それ以外の読みに分けて、記号で答えなさい。

ア 新着　イ 豚肉　ウ 番組　エ 花園　オ 消印
カ 素顔　キ 解消　ク 湯気　ケ 雨雲　コ 額縁

①（　　）②（　　）③（　　）

4 同音異義語 次の各組の――線の片仮名を漢字に直して書きなさい。

① A 著名な作家の<u>コウエン</u>を聴(き)く。（　　）
　 B 劇団の地方<u>コウエン</u>を見に行く。（　　）
② A 独自の作風を<u>ソウゾウ</u>する。（　　）
　 B 将来の自分を<u>ソウゾウ</u>する。（　　）
③ A <u>コウセイ</u>に語り継がれる作品だ。（　　）
　 B 委員会を<u>コウセイ</u>する。（　　）

教科書の要点

1 話題 筆者は、動物園や自分自身にとっての課題として、どんなことをあげていますか。（　）に教科書の言葉を書き入れなさい。 教 p.183

動物園の役割として、今ある「（　　）」に、どのようにして「（　　）」を組み合わせていくかということ。

2 筆者の考え 筆者は、動物園での学びが何につながると考えていますか。□に教科書の言葉を書き入れなさい。 教 p.189

野生動物と私たちがともに［　　　　　　］道をひらく力につながる。

知識の泉 **A 体。** 「絶対絶命」は誤り。「絶体絶命」＝危険から逃げられない状況のこと。

解答 19ページ　スピードチェック 12・13ページ　予想問題 132ページ

3 構成のまとめ

（　）に教科書の言葉を書き入れなさい。（各段落に1～23の番号を付けて読みましょう。）教 p.182～189

まとまり	序論	本論			結論
	動物園の役割とは？	旭川市旭山動物園（あさひかわ・あさひやま）における、野生動物としての魅力を引き出す展示と解説			展示の効果
	1～10段落	11～14段落	15～18段落	19～21段落	22～23段落
内容	**動物園の役割** ❶人々に（①　）の場を提供する。 ❷野生動物を保護し、次の世代へ伝える。 ❸野生動物について調査や研究をする。 ❹野生動物、自然環境について（②　）場を提供する。	**取り組み❶** ●オランウータンの展示＝（③　）本来の姿を見せる ・屋外に高さ一七メートルのタワーを二本建てて、その間をロープとレールでつなぐ。 ・オランウータンに迫る危機的状況について話をする。	**取り組み❷** ●ペンギンの散歩＝習性に基づく野生下の行動の再現 ・キングペンギンが園内を集団で「（⑤　）」する。 ・野生下の様子を解説する。	**取り組み❸** ●エゾシカの展示＝能力を引き出す展示 ・岩山の上に登ってくるような餌の与え方を工夫する。 ・ハイジャンプができる柵を設置する。 ・魅力を伝える。	野生動物の姿と行動に魅了される（⑧　）の体験。 ↓もっと知りたい、環境を守りたいという気持ちを引き起こす。
	現状「レクリエーションの場」の提供以外の役割について余り知られていない。 **問題提起** どのようにして「楽しみの場」と「学びの場」とを結びつければよいか。	**効果** ▼オランウータンがロープを伝って悠々と空中を移動するシーンを来園者が目撃できる。 ▼（④　）への関心を高められる。	**効果** ▼狩りのために相応の距離を歩くキングペンギンの（⑥　）を感じ取ることができる。	**効果** ▼北海道では（⑦　）でもあるエゾシカだが、ともに生きていることの意味や大切さを理解できる。	▼「学びの場」としての動物園の可能性が広がる。 ▼野生動物と人間の共存・共生へつなげる。

おさえよう

要旨 筆者が働く動物園では、野生動物の本来の姿を見せる展示、（ア　野生下　イ　訓練下）の行動の再現、魅力を引き出す展示などをとおして、野生動物や自然環境について学ぶ場を人々に提供し、動物園が楽しみの場であるとともに、（ア「公共の場」　イ「学習の場」）となる可能性を広げ、野生動物と人間の共存を目指している。

知識の泉 Q「未来」の類義語は？　□来

実力判定テストA ステージ2　動物園でできること

30分

自分の得点まで色をぬろう！
合格！ 100点 80 60 0
/100

解答 19ページ

☆ 次の文章を読んで、問題に答えなさい。　教 p.182・①〜183・⑬

「動物園の役割は？」と聞かれたら、皆さんはなんと答えるだろうか。

子供連れの家族が一家団欒のひとときをおくる場所として、友達や恋人どうしが楽しく語らう場所として、老若男女、さまざまな人々が動物園を訪れる。その数は、日本全国の動物園を合わせると、年間で延べ三千万人にも及ぶ。動物園は、人々にレクリエーションの場を提供するという役割を果たしているのだ。動物園を楽しむ人々の姿に日々接することができたのは、そこで働く者としても大変うれしかった。

けれども、動物園には、レクリエーションの場を提供すること以外にも重要な役割がある。

二〇世紀以降、野生動物たちの生活の場である自然環境が急速に悪化し、多くの種類の動物が絶滅の危機にひんしている。①そのような中で、動物園は、野生動物を保護し、次の世代へ伝える役割を担っている。また、そのために必要な、野生動物についての調査や研究も動物園の役割の一つである。

更には、野生動物や自然環境について学ぶ場を人々に提供することも、動物園の大切な役割だ。人間を含めた地球上の生き物たちは、なんらかの形でつながり合い、複雑で多様なしくみを築きあげている。生きて動く野生動物を目の前にしながら、彼らと彼らが暮らす環境のことを理解し、彼らとともに生きることの意味や大切さについて学ぶことができるのが動物園なのである。

このように、②動物園には四つの大きな役割がある。それらは互いに関連し合っており、どれも重要なものであるが、残念なことに、レクリエーションの場を提供すること以外の役割については、人々に余り知られていない。動物園としても、それらの役割があること自体を十分に伝えきれていないといわれている。

私は、動物園で飼育係をしながら、そこで行われる教育活動に従事してきた。つまり、野生動物や自然環境を学ぶ場を提供することについて研究し、実践することが私の仕事だった。だから、今ある「レクリエーションの場」に、どのようにして「学びの場」を組み合わせていくかということは、動物園にとってはもちろん、私自身にとっても大きな課題なのである。動物園はまず、楽しい場所でなくてはならない。また、よりよく学ぶためにも楽しさは欠かせない。しかし、楽しいことや楽しかったことが必ずしも学びにつながるとは限らない。〈奥山英登「動物園でできること」による〉

1 ①そのような中で　とありますが、どのような状況ですか。次の文の□A・Bにあてはまる言葉を、文章中からそれぞれ五字

で抜き出しなさい。 7点×2（14点）

自然環境が［A］して、多くの種類の動物が［B］にさらされている状況。

A（　　　）

B（　　　）

2 よく出る 筆者は地球上の生き物たちと人間の関係をどのように考えていますか。それがわかる一文を文章中から抜き出し、はじめの五字を書きなさい。 （10点）

（　　　　　）

3 記述 動物園に来た人が生きて動く野生動物を見ることによって、どんなことができると筆者は考えていますか。文章中の言葉を使って二つ書きなさい。 10点×2（20点）

攻略！ 五つめの段落に注目しよう。

（　　　）

（　　　）

4 よく出る ②動物園には四つの大きな役割があるとありますが、どんな役割ですか。（　）にあてはまる言葉を文章中から抜き出しなさい。 9点×4（36点）

攻略！ 一文に書かれている内容を二つの要素に分けてまとめよう。

・人々に（　　　）の場を提供する役割。

・野生動物を保護し、（　　　）役割。

・野生動物についての（　　　）をする役割。

・野生動物や自然環境について（　　　）を人々に提供する役割。

5 筆者は、動物園や自分自身にとってどんな課題があると考えていますか。次の［　］にあてはまる言葉を文章中の言葉を使って書きなさい。 （10点）

動物園の役割として、どのようにして［　　］という課題。

（　　　）

6 本文の内容として適切なものを次から一つ選び、記号で答えなさい。 （10点）

ア 動物園はレクリエーションの場ではなく学びの場であるというように、来園者の意識を変えていく必要がある。

イ 野生動物を保護したり、次の世代へ伝えたりすることは、動物園にしかできないことだ。

ウ 動物園での楽しい経験は、野生動物や自然環境についての学びに確実につながるはずだ。

エ 動物園は本来、楽しい場であるとともに学ぶ場でもあるべきだ。

（　　）

知識の泉 Q 「道断・無欠・完全・言語」を組み合わせて四字熟語を二つ作ると？

実力判定テストB　ステージ3

動物園でできること

30分

自分の得点まで色をぬろう！

100点　合格！　80　もう一歩　60　がんばろう！　0

/100

解答 20ページ

★ 次の文章を読んで、問題に答えなさい。　教 p.187・⑫〜189・⑤

三つめの例として、私が飼育係を七年間務めてきたエゾシカの展示を紹介したい。エゾシカは日本最大の草食獣であり、①日本の四季に合わせた姿を見せる。春から夏にかけて、まさに鹿(か)の子(こ)まだらの美しい夏毛に生え替わり、オスは角を落とし、メスは子を産む。秋を迎えると、オスは新たに立派な角を生やして恋の季節を迎え、メスをめぐる闘争を展開する。冬はエゾシカにとって厳しい季節ではあるが、真っ白な雪の大地に冬毛のエゾシカのコントラストが幻想的ですらある。そのような姿に、私は飽きることがなかった。そして、こんなにすばらしい野生の動物と、この国でともに生きているということを誇らしくさえ思ってきた。

だから、来園者の声の中でつらかったのは、「エゾシカなんて見飽きたよ」「②憎たらしい」という言葉だった。確かにエゾシカは、北海道では出会う機会の多い野生動物で、むしろ、その増加が農林業被害や衝突事故で問題になっている害獣でもある。被害を受けた人にとってみれば憎たらしくも見えるだろう。これが例えば、わが国においては動物園でしか見ることのできないジャイアントパンダであれば、来園者から「見飽きた」などという声は出ないだろう。けれども、どちらの動物も地球上の生物の豊かさを構成している一員であり、③その点でエゾシカとジャイアントパンダに違いはないはずだ。

エゾシカは、ヒトにはとてもできないようなハイジャンプや崖登りをいとも簡単にやってのける、すばらしい能力をもった動物だ。そのときの姿は、しなやかで美しい。「④パンダに負けないすごいところをみんなに見せてあげよう」と、私はエゾシカたちに心の中で声をかけ、岩山の上に登ってくるように餌の与え方を工夫したり、ハイジャンプができるように柵を設置したりして、その魅力を来園者に伝えようとしてきた。そして、彼らとともに生きていることの意味やその大切さについて紹介し続けてきた。

このように、オランウータンもペンギンもエゾシカも、それ以外の動物の場合でも、⑤野生動物としての魅力を引き出す展示を行い、彼らについて解説することを心がけてきた。美しく、しなやかで、たくましく、ダイナミックで、ときには恐ろしい野生動物の姿と行動には、どんな人でも魅了されるにちがいない。その驚きと不思議に満ちあふれた感動の体験は、彼らのことをもっと知りたい、彼らの環境を守りたいという気持ちを引き起こし、動物園が「楽しみの場」であるとともに、豊かな「学びの場」となる可能性を広げてくれるにちがいない。

ぜひ、いろいろな動物園を何度も繰り返し訪ねてほしい。そこで大いに楽しみ大いに学んでもらいたい。その学びが、野生動物と私たちがこの地球上でともに幸せに生きる道をひらく力になると私は信じている。

〈奥山(おくやま)　英登(ひでと)「動物園でできること」による〉

知識の泉　A　**言語道断・完全無欠。**　言語道断＝もってのほか。完全無欠＝欠点がない。

1 ①日本の四季に合わせた姿　とありますが、どのような姿ですか。次の文の□Ａ～Ｅにあてはまる言葉を、文章中からそれぞれ抜き出しなさい。 6点×5（30点）

・春から夏にかけて［Ａ］の美しい夏毛に生え替わり、［Ｂ］は角を落とし、メスは子を産む。

・秋にはオスに新しい［Ｃ］が生え、メスをめぐって争う。

・冬は白い［Ｄ］にエゾシカの［Ｅ］のコントラストが美しい。

Ａ
Ｂ
Ｃ
Ｄ
Ｅ

2 ②憎たらしい　とありますが、エゾシカがこのように言われるのはなぜですか。理由を文章中から一文で抜き出し、はじめの五字を書きなさい。（15点）

3 よく出る ③その点でエゾシカとジャイアントパンダに違いはないとありますが、筆者はこの部分でどのようなことを言いたいのですか。次の文の□にあてはまる言葉を文章中から抜き出しなさい。（15点）

害獣として問題のエゾシカのような動物も□であること。

（　　　）

4 ④すごいところ　について答えなさい。

(1) 記述 筆者が考えるエゾシカの「すごいところ」とは、どんなところですか。文章中の言葉を使って具体的に書きなさい。（10点）

（　　　）

(2) エゾシカの「すごいところ」を来園者に見せるために筆者はどうしましたか。二つ書きなさい。 10点×2（20点）

（　　　）
（　　　）

5 レベルUP ⑤野生動物としての魅力を引き出す展示を行い、彼らについて解説する　とありますが、筆者はこれがどういうことにつながると考えていますか。次から一つ選び、記号で答えなさい。（10点）

ア　来園者が、野生動物を育んだ自然の厳しさや災害に興味をもち、環境問題に取り組むこと。
イ　来園者が、野生動物の生きる環境に興味をもち、その環境を守り、彼らと共生していきたいと考えること。
ウ　来園者が、野生動物の不思議な生態を見られる楽しい場所として、動物園に愛着を感じること。
エ　来園者が、あらゆる野生動物に先入観をもったり差別したりせず、平等に興味や関心を抱くこと。

（　　　）

知識の泉　Q「蓼（たで）食う虫も好き好き」の意味は？

確認のワーク ステージ1

論説文 構成を工夫して考えを伝える（漢字を身につけよう❽）

学習のねらい
- 意見がわかりやすく伝わる文章の構成の工夫を知ろう。
- 説得力のある文章の書き方を学ぼう。

解答 20ページ スピードチェック 13ページ

漢字

1 漢字の読み 読み仮名を横に書きなさい。

＊は新出漢字　▼は新出音訓・◎は熟字訓

❶＊斬新　❷一＊抹　❸弾＊劾　❹更＊迭
❺＊侮＊辱的　❻＊閲覧　❼＊但し書き　❽＊汎用性
❾▼氏（訓読み）　❿▼出納係　⓫▼報いる　⓬▼体裁
⓭▼仮病　⓮▼故（訓読み）　⓯▼辞める

2 漢字の書き 漢字に直して書きなさい。

❶批判に（ふんがい）する。　❷（あいまい）な対応。
❸（しへい）で支払う。　❹議論が（ふんきゅう）する。
❺（けっさく）を残す。　❻（へいがい）が生じる。
❼（だせい）で続ける。　❽（まさつ）を起こす。

教科書の要点

1 意見の根拠 次の意見に根拠を示す場合、どのような根拠が適切ですか。あとから一つ選び、記号で答えなさい。 教p.195

節電を心がけるのはいいことだが、正しい節電方法を知ることが大切だと思う。「電源を切る」ことだけが節電ではない。

ア 家庭の中で、特に電気の使用量が多いのは、冷蔵庫、照明器具、テレビ、エアコンだという。
イ エアコンは、こまめに電源を切るなら、つけたままにしておくほうが電気の消費量が少ないという。
ウ 蛍光ランプの点灯時間を一日一時間短縮した場合、年間で約四キロワット・アワーの節電になるという。

（　　）

2 文章構成 次の文章は、どのような構成で書かれていますか。あとから一つ選び、記号で答えなさい。 教p.196

私はコンクリートの家よりも、木の家がよいと考える。それは、木の家には、ぬくもりが感じられるからだ。また、夏は涼しく、冬は暖かいので、すごしやすいからだ。

ア 頭括型〈意見→根拠〉　イ 尾括型〈根拠→意見〉
ウ 双括型〈意見→根拠→意見〉

（　　）

知識の泉 A 人の好みは多様だということ。　辛い蓼を好む虫もいることから。

基本問題

☆ **次の文章を読んで、問題に答えなさい。**

1 人工知能をさまざまな分野に活用していこうという気運が高まっているが、私はこの動きを積極的に推し進めていくべきだと考える。

2 人工知能は、全く新しいものを創造したり、人間の豊かな感情や繊細な感覚を人間と同レベルで理解したりつかさどったりすることはできないので、その利用に難色を示す考えももっともであると思う。確かに、人間の豊かな感情や細やかな身体的機能に及ぶ分野にまで人工知能を代用させるべきではないだろう。

3 しかし、昨今の研究開発により、人工知能を活用して今までの技術では見抜けなかった病気の診断が可能になったり、人工知能による自動車の自動運転装置を利用することで、人間の集中力の欠如や老化による運転ミスを防ぎ、交通事故を減らしたりするということが可能になりつつある。つまり、人命を救うなどのとても重要な点において、人工知能は人間の苦手な分野を補い、大きく貢献してくれるものなのである。

4 このように、現在の段階では人工知能にとって不可能な分野にまで人間の代わりをさせないということを前提に、人間の苦手な分野を代行させるという目的での人工知能の活用を推進していくべきではないだろうか。

---

1 筆者は、どのような意見を述べていますか。□にあてはまる言葉を、文章中から抜き出しなさい。

[　　　　]の活用を積極的に[　　　　]いくべきだという意見。

2 よく出る 筆者は意見を支える根拠としてどのようなことを挙げていますか。次から一つ選び、記号で答えなさい。

ア 人工知能の研究開発は、人間の能力の全てを代行できるまでには進んでいないこと。
イ 人工知能は、医療や自動車の運転などにおいて人間の苦手な点を補い、貢献するものであること。
ウ 人間は人工知能には不可能な、創造性や細やかな感受性というものをもっていること。
エ 今や人工知能は、人間のさまざまな能力を補うまでに発達しており、全てを委ねることができること。　（　　）

攻略！ 根拠には、読み手を納得させる具体的な情報が入ることが多い。

3 2段落はどのような内容になっていますか。次から一つ選び、記号で答えなさい。

ア 具体例をあげ、意見の根拠を補強している。
イ 反論を想定し、それに対する考えを示している。
ウ 意見の内容を補足し、わかりやすく説明している。
エ 最初の根拠を示し、意見に説得力をもたせている。　（　　）

4 この文章は、どのような構成で書かれていますか。次から一つ選び、記号で答えなさい。

ア 頭括型（とうかつ）　イ 尾括型　ウ 双括型　（　　）

知識の泉 Q □に漢字を入れてできる四字熟語は？　「喜□□楽」

確認のワーク ステージ1　走れメロス（漢字を身につけよう⑨）

解答 21ページ　スピードチェック 14ページ　予想問題 133ページ

学習のねらい
- 場面ごとのできごとをおさえ、作品の構成の特徴を捉えよう。
- 人物の言動から、人物像や考え方の変化を捉えよう。

漢字と言葉

1 漢字の読み　読み仮名を横に書きなさい。

*は新出漢字　▼は新出音訓・◎は熟字訓

❶ *敏感　❷ 警*吏　❸ 宣*誓　❹ *氾*濫
❺ *欺く　❻ *醜い　❼ *妥協　❽ *辣腕
❾ *怠慢　❿ *辛抱　⓫ ◎意気地　⓬ ◎行方

2 漢字の書き　漢字に直して書きなさい。

❶（ふっとう）した湯。　❷（もうそう）を抱く。
❸（じょじょ）に進む。　❹（るいけい）の発行部数。
❺ 彼は常に（どんよく）だ。　❻（こぶし）を振り上げる。

3 語句の意味　意味を下から選んで、線で結びなさい。

❶ 反駁（はんばく）・　　・ア 思いどおりになり、ひそかに笑う。
❷ ほくそ笑む・　　・イ しりごみする。
❸ ひるむ・　　・ウ 他人の意見や批判に論じ返すこと。

教科書の要点

1 登場人物　（　）に名前を書きなさい。　教 p.200～204

①（　　）…物語の主人公。牧人（羊飼い）。
②（　　）…邪知暴虐の王。
③（　　）…主人公の親友。石工（いしく）。

2 あらすじ　正しい順番になるように、番号を書きなさい。　教 p.200～215

（　）村へ戻ったメロスは、次の日に妹の結婚式を挙げる。

（　）町で王の暴虐ぶりを聞いて、メロスは激怒する。

（　）走るメロスに苦難が襲いかかる。疲れ果てたメロスは約束などどうでもよいという気持ちになり、まどろむ。

（　）メロスは死ぬ覚悟で王を批判し、王とある約束をする。

（　）メロスは刑場（けいじょう）に走り込み、セリヌンティウスは救われる。二人は互いに対する疑いの心を告白し、許し合う。

（　）二人の姿を見た王は信実の存在を認め、改心する。


メロスの心情の変化に注意して読もう。

3 構成のまとめ

（　）に教科書の言葉を書き入れなさい。教p.200〜215

おさえよう

場面		出来事	心情や様子
発端 教はじめ〜p.201・⑯	シラクス	●メロスが王の邪知暴虐を知る。	▼メロスは（①　　）した。「あきれた王だ。生かしておけぬ。」
展開① p.202・①〜204・⑦	王城	●メロスは王城へ乗りこみ、捕縛(ほばく)される。 ●王との約束→三日めの日没までに帰ってこなければ、親友（セリヌンティウス）を処刑(しょけい)する。	メロス「人の心を疑うのは、最も恥ずべき（②　　）だ。」 ↔対立する人間観 王「疑うのが、正当の心構え。」「人間は、もともと（③　　）のかたまりさ。」
展開① p.204・⑧〜206・⑫	故郷の村	〈一日め〜二日め〉 ●妹の結婚式を挙げる。	▼メロスほどの男にも、やはり未練の情というものはある。
展開② p.206・⑬〜210・⑱	刑場までの道	〈約束の三日め〉 ●メロスの出発。 ●濁流や山賊にあい、疲労で動けなくなる。	メロス「人の信実の存するところを見せてやろう。」 ▼ふてくされた根性(こんじょう)が、心の隅に巣くった。 メロス「もういっそ、（④　　）として生き延びてやろうか。」
山場 p.210・⑲〜213・⑪	刑場までの道／刑場	●清水をひと口飲み、再び走り出す。 ●走るのを止めるフィロストラトス。 ●日没直前に刑場に突入する。	▼義務遂行の（⑤　　）が生まれる。
結末 p.213・⑫〜終わり	刑場	●メロスとセリヌンティウスは、疑いの心が芽生えたことを互いに告白し、許し合う。 ← ●王の改心。	メロス「私は、途中で一度、（⑥　　）を見た。」 セリヌンティウス「たった一度だけ、ちらと君を疑った。」 王「信実とは、決して（⑦　　）ではなかった。」 …王に人を信じる心がよみがえる。

主題 人間の心の〔ア 強さ　イ 弱さ〕や醜さを見つめつつ、それを乗り越える〔ア 知力や体力　イ 友情や信頼〕の強さ、美しさを、豊かな表現とリズミカルな文体で描いている。

知識の泉 Q □にあてはまる漢字は？「的を□た意見」

実力判定テストA　ステージ2

走れメロス

30分

自分の得点まで色をぬろう!

100点　80　60　0　/100

解答 21ページ

★ 次の文章を読んで、問題に答えなさい。

教 p.202・④〜204・③

「この短刀で何をするつもりであったか。言え!」暴君ディオニスは静かに、けれども威厳をもって問いつめた。その王の顔は蒼白(そうはく)で、眉間のしわは、刻みこまれたように深かった。

「町を暴君の手から救うのだ。」とメロスは悪びれずに答えた。

「おまえがか?」王は、憫笑(びんしょう)した。「しかたのないやつじゃ。おまえには、わしの①孤独(こどく)がわからぬ。」

「言うな!」とメロスは、いきりたって反駁(はんばく)した。②「人の心を疑うのは、最も恥ずべき悪徳だ。王は、民の忠誠をさえ疑っておられる。」

「疑うのが、正当の心構えなのだと、わしに教えてくれたのは、おまえたちだ。人の心は、あてにならない。人間は、もともと私欲のかたまりさ。信じては、ならぬ。」暴君は落ち着いてつぶやき、ほっとため息をついた。「わしだって、平和を望んでいるのだが。」

「なんのための平和だ。自分の地位を守るためか。」今度はメロスが嘲笑した。「罪のない人を殺して、なにが平和だ。」

「黙れ。」王は、さっと顔を上げて報いた。「口では、どんな清らかなことでも言える。わしには、人のはらわたの奥底が見えすいてならぬ。おまえだって、今に、はりつけになってから、泣いてわびたって聞かぬぞ。」

「ああ、王はりこうだ。うぬぼれているがよい。私は、ちゃんと死ぬる覚悟でいるのに。命乞いなど決してしない。ただ、――」

と言いかけて、メロスは足もとに視線を落とし③瞬時ためらい、「ただ、私に情けをかけたいつもりなら、処刑(しょけい)までに三日間の日限を与えてください。たった一人の妹に、亭主をもたせてやりたいのです。三日のうちに、私は村で結婚式を挙げさせ、必ず、ここへ帰ってきます。」

「ばかな。」と暴君は、しわがれた声で低く笑った。「とんでもないうそを言うわい。④逃がした小鳥が帰ってくるというのか。」

「そうです。帰ってくるのです。」メロスは必死で言いはった。「私は約束を守ります。私を、三日間だけ許してください。妹が、私の帰りを待っているのだ。そんなに私を信じられないならば、よろしい、この町にセリヌンティウスという石工(いしく)がいます。私の無二の友人だ。あれを、人質(ひとじち)としてここに置いていこう。私が逃げてしまって、三日めの日暮れまで、ここに帰ってこなかったら、あの友人を絞め殺してください。頼む、そうしてください。」

　それを聞いて王は、残虐な気持ちで、そっとほくそ笑んだ。生意気なことを言うわい。どうせ帰ってこないに決まっている。このうそつきにだまされたふりして、放してやるのもおもしろい。そうして身代わりの男を、三日めに殺してやるのも気味がいい。人は、これだから信じられぬと、わしは悲しい顔して、その身代わりの男を磔刑(たっけい)に処してやるのだ。世の中の、正直者とかいうやつばらにうんと見せつけてやりたいものさ。

⑤「願いを、きいた。その身代わりを呼ぶがよい。三日めには日没

知識の泉　A　射。「的を射る」=うまく要点をつかむ。「的を得る」は誤り。

までに帰ってこい。遅れたら、その身代わりを、きっと殺すぞ。ちょっと遅れてくるがいい。おまえの罪は、永遠に許してやろうぞ。」

「⑥なに、何をおっしゃる。」

「はは。命が大事だったら、遅れてこい。⑦おまえの心は、わかっているぞ。」

メロスは悔しく、じだんだ踏んだ。ものも言いたくなくなった。

〈太宰治「走れメロス」による〉

1 よく出る ①孤独 とありますが、その心情は、王のどのような表情となって表れていますか。文章中から一文で抜き出し、はじめの五字を書きなさい。（10点）

2 ②人の心を疑う ことを、メロスと王はどのように考えていますか。文章中からそれぞれ八字以内で抜き出しなさい。10点×2（20点）

メロス…

王…

3 ③瞬時ためらい とありますが、なぜメロスはためらったのですか。（　）にあてはまる言葉を文章中から抜き出しなさい。（完答15点）

（　　）に（　　）を挙げさせたいと思ったから。

4 ④逃がした小鳥 とは、誰のことですか。（10点）

（　　）

5 メロスは、三日間の日限をもらうために、どのような条件を出しましたか。（　）にあてはまる言葉を文章中から抜き出しなさい。（10点）

無二の友人のセリヌンティウスを、（　　）として置いていくという条件。

6 よく出る ⑤願いを、きいた。と言ったとき、王はどのような気持ちでいましたか。次から一つ選び、記号で答えなさい。（10点）

ア 人の心は信じられないが、情けをかけてやろうという気持ち。
イ メロスが信じられるかどうか、試してみようという気持ち。
ウ メロスが立派なので、人の心を信じてみようという気持ち。
エ 人の心が信じられないことを証明してやろうという気持ち。

（　　）

攻略！ 直前の、王の心内語が書かれている部分から読み取ろう。

7 ⑥なに、何をおっしゃる。とありますが、このときのメロスの気持ちを次から一つ選び、記号で答えなさい。（10点）

ア 自分のたくらみが王に見抜かれたことへの恥ずかしさ。
イ 自分を信じず、卑劣なことを考えている王への憤り。
ウ 王に自分の提案を受け入れてもらえなかった悔しさ。
エ 王が見せた、思いもかけない優しさに対する驚き。

（　　）

8 記述 ⑦おまえの心は、わかっているぞ。とありますが、王はメロスがどうすると思っているのですか。（15点）

（　　）

攻略！ 王は、メロスの約束など信じていないのである。

知識の泉 Q「女」「元」「由」に共通してつけることができる部首は？

実力判定テストB　ステージ3

次の文章を読んで、問題に答えなさい。

走れメロス

30分

自分の得点まで色をぬろう！
100点　80　60　0
合格！　もう一歩　がんばろう
/100

解答 22ページ

教 p.213・③〜214・⑲

「それだから、走るのだ。信じられているから走るのだ。間に合う、間に合わぬは問題でないのだ。人の命も問題でないのだ。私は、なんだか、①もっと恐ろしく大きいもののために走っているのだ。ついてこい！　フィロストラトス。」

「ああ、あなたは気がくるったか。それでは、うんと走るがいい。ひょっとしたら、間に合わぬものでもない。走るがいい。」

　言うにや及ぶ。まだ日は沈まぬ。最後の死力を尽くして、メロスは走った。メロスの頭は、空っぽだ。なにひとつ考えていない。ただ、わけのわからぬ大きな力に引きずられて走った。日は、ゆらゆら地平線に没し、まさに最後の一片の残光も、消えようとしたとき、メロスは疾風のごとく刑場（けいじょう）に突入した。間に合った。

「待て。その人を殺してはならぬ。メロスが帰ってきた。約束のとおり、今、帰ってきた。」と大声で刑場の群衆に向かって叫んだつもりであったが、喉がつぶれてしわがれた声がかすかに出たばかり、②群衆は、一人として彼の到着に気がつかない。既にはりつけの柱が高々と立てられ、縄を打たれたセリヌンティウスは、徐々につり上げられてゆく。メロスはそれを目撃して最後の勇、先刻、濁流を泳いだように群衆をかき分け、かき分け、

「私だ、刑吏！　殺されるのは、私だ。メロスだ。彼を人質（ひとじち）にした私は、ここにいる！」と、かすれた声で精いっぱいに叫びながら、ついにはりつけ台に上り、つり上げられてゆく友の両足に、かじりついた。群衆は、どよめいた。あっぱれ。許せ、と口々にわめいた。セリヌンティウスの縄は、ほどかれたのである。

「セリヌンティウス。」メロスは目に涙を浮かべて言った。「私を殴れ。力いっぱいに頰（ほお）を殴れ。私は、途中で一度、③悪い夢を見た。君がもし私を殴ってくれなかったら、私は君と抱擁する資格さえないのだ。殴れ。」

　セリヌンティウスは、全てを察した様子でうなずき、刑場いっぱいに鳴り響くほど音高くメロスの右頰を殴った。殴ってから優しくほほえみ、

「メロス、私を殴れ。同じくらい音高く私の頰を殴れ。私はこの三日の間、たった一度だけ、④ちらと君を疑った。生まれて、初めて君を疑った。君が私を殴ってくれなければ、私は君と抱擁できない。」

　メロスは腕にうなりをつけてセリヌンティウスの頰を殴った。

「ありがとう、友よ。」二人同時に言い、ひしと抱き合い、それからうれし泣きにおいおい⑤声を放って泣いた。

　群衆の中からも、歔欷（きょき）の声が聞こえた。暴君ディオニスは、群衆の背後から二人のさまを、まじまじと見つめていたが、やがて静かに二人に近づき、顔を赤らめて、こう言った。

「おまえらの望みはかなったぞ。おまえらは、わしの心に勝ったのだ。信実とは、決して空虚な妄想ではなかった。どうか、わし

知識の泉　A　宀（うかんむり）。「安」「完」「宙」となる。

をも仲間に入れてくれまいか。どうか、わしの願いを聞き入れて、おまえらの⑥仲間の一人にしてほしい。」

どっと群衆の間に、歓声が起こった。

〈太宰(だざい) 治(おさむ)「走れメロス」による〉

1 ①もっと恐ろしく大きいもの　とは、どのようなものだと考えられますか。次から一つ選び、記号で答えなさい。（10点）

ア　自分の身代わりになってくれた友に対する感謝の思い。
イ　約束を果たし名誉を守ろうとする、自分自身の信念。
ウ　信頼に応え信実を貫(つらぬ)くという、人として最も大切な心。
エ　人を疑うのは悪徳だと証明しなければという使命感。（　）

2 ②群衆は、一人として彼の到着に気がつかない　とありますが、この状態の中、メロスは友を救うためにどのような行動を取りましたか。文章中から二十一字で抜き出しなさい。（10点）

3 レベルUP　③悪い夢を見た　とは、どういうことですか。説明しなさい。（20点）

4 ④ちらと君を疑った　とありますが、セリヌンティウスは、どのようなことを考えたのですか。（15点）

5 メロスとセリヌンティウスは、なぜ殴り合ったのですか。次から一つ選び、記号で答えなさい。（10点）

ア　メロスの到着が現実のことだと実感したかったから。
イ　自分の犯した罪を完全に忘れてしまいたかったから。
ウ　相手の裏切りをとても許す気になれなかったから。
エ　互いに悪い考えをもったことを償いたかったから。（　）

6 よく出る　⑤声を放って泣いた　とありますが、どのような気持ちからですか。次から一つ選び、記号で答えなさい。（10点）

ア　二人とも命が助かったという安心感。
イ　互いの友情と信頼を確認し合えた喜び。
ウ　これから迎えるメロスの死に対する悲しみ。
エ　途中で友を疑ったことに対する反省と後悔。（　）

7 よく出る　メロスとセリヌンティウスの行いによって、暴君ディオニスは、どのようなことを知りましたか。「……こと。」につながるように、文章中から二十字以内で抜き出しなさい。（10点）

こと。

8 記述　⑥仲間　とは、どのような仲間なのですか。考えて書きなさい。（15点）

知識の泉　Q「かわいい子には旅をさせよ」の意味は？

確認のワーク ステージ1

ポテト・スープが大好きな猫

学習のねらい
- 場面の展開や登場人物の描写から、関係や心情を読み取ろう。
- 登場人物の言動を通して、内容を理解しよう。

解答 22ページ 予想問題 134ページ

教科書の要点

1 設定 （　）に教科書の言葉を書き入れなさい。 教p.250〜252

(1) 場所…アメリカ合衆国南部、（　　）の田舎町。

(2) 登場人物

おじいさん
- たくさんの猫たちと暮らしてきたが、今は一匹の猫と、ずいぶん（①　　）とした生活をしている。
- よく猫と一緒に湖に（②　　）に行く。

猫
- 生き物を捕まえたことがない。
- おじいさんの作る（③　　）が好物。

(3) 登場人物どうしの関係
- おじいさん…猫のことをけっこう（①　　）いるが、そんなそぶりはほとんど見せない。
- 猫…おじいさんは自分を置いて（②　　）わけがないと思っている。

2 あらすじ 正しい順番になるように、番号を書きなさい。 教p.250〜254

（　）猫は魚を捕まえる大変さをおじいさんに訴えた。
（　）ある冬の日の夕方、猫は起き上がる気になれなかった。
（　）おじいさんはもう置いていかないと猫に約束し、ポテト・スープを作った。
（　）目を覚ますとおじいさんがおらず、猫は出て行った。
（　）翌朝おじいさんは猫に魚釣りに行こうと声をかけた。
（　）魚を捕まえてきた猫が玄関でおじいさんを待っていた。
（　）猫が起きないので、おじいさんはひとりで出かけた。

3 象徴 [　]から言葉を選び、書き入れなさい。 教p.250〜254

・ポテト・スープ
おじいさんの作るポテト・スープが大好きな猫と、そんな猫に対するおじいさんの（　　）を象徴している。

[愛情　怒り　悲しみ　戸惑い]

おじいさんと猫の関係を理解しよう。

おさえよう

4 構成のまとめ

（　）に教科書のことばを書き入れなさい。 教p.250〜254

	場面		できごと	心情や様子
設定	教はじめ〜p.251・上③	日常	●おじいさんと一匹の雌猫が暮らしている。この猫は生き物を捕（つか）まえたことがない。 ●おじいさんと猫はよく湖に魚釣りに行く。	▼おじいさんは、この猫のことがけっこう気に入っているが、そんなそぶりはほとんど見せない。 ▼猫の好物は、おじいさんの作る（①　　）。
展開①	p.251・下①〜252・上⑤	冬の日	●おじいさんが（②　　）を持ち帰る。 ←翌日の夕方、猫が起きあがろうとしない。 ●おじいさんが猫のところに食事を運んでやる。	▼猫は「やれやれ、ようやく。」という顔で見ていた。…満足そう ▼猫は起きあがろうという気持ちになれなかった。
展開②	p.252・上⑥〜252・下⑫	翌日	●おじいさんが魚釣りに出かけるいつもの時間に声をかけても猫は起きてこない。 ⋮ひとりでボートを湖に出すが魚はかからない。 ●猫が目を覚ますとおじいさんがいない。 ⋮外へ出て行く。	▼おじいさんは諦（あきら）めて首を振った。 おじいさん 猫がいなくてどうだっていうんだ？…強がる 猫 私を残して、おじいさんが出かけるわけはないのに。
山場	p.252・下⑬〜254・下⑨	何日か後	●何日も猫は帰ってこない。 ●玄関のポーチに、魚を捕まえた猫が待っていた。 ●猫は魚を捕まえたときのことを必死で訴える。 ●おじいさんは猫に（③　　）と約束。	▼おじいさんは、うつむいて、足取り重く、（④　　）顔で歩く。 ▼猫はおじいさんの顔を（⑤　　）に燃えた目でにらみつけた。おじいさんは野球帽をとり、猫をまじまじと眺めた。 ▼おじいさんは猫の話に感心し、（⑥　　）ことをしたと、心が痛んだ。
結末	p.254・下⑩〜終わり	その夜	●おじいさんはポテト・スープを作り、猫は電気毛布の上でくつろぐ。↓夜更（よふ）けには、仲よしになる。	▼おじいさんは、くつろぐ猫の姿を目にして（⑦　　）した。 ⋮素直に猫への気持ちを見せるようになる。

主題 おじいさんに置いていかれて姿を消した猫が戻ってきたことによって、ふたりが互いに（ア 大切な　イ 自立した）存在だと確認し合い、（ア 干渉しない　イ 心を通わせる）様子を描いた作品である。

知識の泉 Q 「複」の「ネ」の部首名は？

実力判定テストA　ステージ2

ポテト・スープが大好きな猫

30分

自分の得点まで色をぬろう！　100点　80　60　0　合格！　/100

解答 22ページ

☆ 次の文章を読んで、問題に答えなさい。

教 p.253・上⑤〜254・下⑨

①「起こってしまったことはしょうがない。」

おじいさんはある朝、自分にそう言い聞かせました。

「どうせなんの役にも立たない猫なんだ。ねずみ一匹捕（つか）まえやしないんだから。」

おじいさんは「やかまし街道」と呼ばれる道路の、家の前にトラックを停（と）め、いつも猫とふたりで歩いた玄関までの道を、ひとりで歩きました。うつむいて、足取りも重く、寂しそうな顔で。でも玄関のポーチに着いてみると――

そこに②猫が待っていました。そして前足で魚を一匹ぎゅっと押さえています。キスして逃がしてやる必要のないくらい大きく育った魚です。

猫の目は怒りに燃えていました。尻尾（しっぽ）は勢いよく振り回され、木の床に当たって、ばたんばたんと強い音を立てています。猫はおじいさんの顔をじっとにらみつけました。

おじいさんは慌てて野球帽を取り、猫をまじまじと眺めました。それから魚をまじまじと眺めました。それを見て、鳥たちさえしんと静まりかえりました。でも猫はそんなこと気にもとめません。この魚はおじいさんにも触らせるもんか、という険しい顔つきです。

猫はしゃべりません。ただ遠ぼえするような鳴き声をあげるだけです。大きく口を開け、長い間「うぉーん。」と鳴いていました。猫がそのように語る話を、おじいさんは詳しいところまでは、よく聞き取れませんでした。でもおおよそのところ、猫は水に濡（ぬ）れるのは嫌だったけれど、一生懸命泳ぎに泳ぎ、魚を相手になにやかやあった、ということらしいのです。

それがどんなに大変なことだったか、猫はおじいさんに向かって、いつまでも語り続けました。猫がくたびれて、もう何も話せなくなるまで、おじいさんは猫と一緒にポーチに座っていました。猫の話はずいぶんややこしく、つながり方がよくわかりませんでしたが、それでも③おじいさんは、すっかり感心してしまいました。かわいそうなことをしたと、心が痛みました。

猫は長いこと丁寧に、前足で顔を洗っていました。耳もぴんと立って、すっかり元気そうになりました。④これからはどんなにぐあいが悪そうに見えても、おまえを置いてはいかないよ、とおじいさんは猫に約束をしました。魚釣りに一緒に連れていくには、この猫はもう年をとりすぎたんじゃないかと、おじいさんはちょっと考えただけなのです。

「ただうとうとしていただけなのに！」というのが猫の言い分です。冬の朝に、気持ちよく居眠（いねむ）りをしてちゃいけないのかしら？

知識の泉　A **ころもへん。**「着物・布」の意味を表す。

おじいさんは猫に魚のお礼を言いました。でも猫には、おじいさんに魚をあげたつもりなんて、全然ありません。⑤でもな、おまえ、魚もねずみも、べつに捕まえなくたっていいんだよ、とおじいさんは猫に言いました。おまえは今のおまえのままでいいんだからさ。そして、確かにちょいと痩せっぽちだけどな、とつけ加えました。

猫は知らん顔をしていました。

〈テリー＝ファリッシュ　村上春樹訳「ポテト・スープが大好きな猫」による〉

1 よく出る　①「起こってしまったことはしょうがない。」／おじいさんはある朝、自分にそう言い聞かせました。とありますが、ここにはおじいさんのどのような様子が表れていますか。次から一つ選び、記号で答えなさい。（10点）

ア　いなくなった猫に文句を言いたくて仕方がない様子。
イ　猫がいない寂しさを押し殺し、平気な振りをする様子。
ウ　猫がいなくなってかえって気が楽になった様子。
エ　猫との暮らしは終わったとあっさり割り切る様子。（　　）

2 ②猫が待っていました　とありますが、猫はどのような様子でしたか。次の文の（　）にあてはまる言葉を文章中の言葉を使って書きなさい。10点×3（30点）

前足で一匹の（①　　）を押さえ、尻尾を振り回しながら、（②　　）目でおじいさんの顔をじっと（③　　）いた。

3 よく出る　③おじいさんは、すっかり感心してしまいました　とありますが、おじいさんはどんなことに感心したのですか。簡潔に書きなさい。（15点）

（　　）

4 攻略！　猫は今までどんな猫だったのかをおさえて考えよう。

④これからはどんなにぐあいが悪そうに見えても、おまえを置いてはいかないよ　について答えなさい。

(1) おじいさんはなぜ猫を置いていったのですか。理由が書かれている一文を文章中から抜き出し、はじめの五字を書きなさい。（15点）

(2) 記述　(1)のおじいさんの考えに対する猫の気持ちを、考えて書きなさい。（15点）

（　　）

5 記述　⑤でもな、おまえ、魚もねずみも、べつに捕まえなくたっていいんだよ　とありますが、このときのおじいさんの気持ちを考えて書きなさい。（15点）

（　　）

確認のワーク ステージ1　むさぼり

学習のねらい
- 人物の言動から人物どうしの関係や人物像を捉えよう。
- 話の展開の仕方に注目しよう。

解答 23ページ　予想問題 135ページ

言葉

1 語句の意味　意味を下から選んで、線で結びなさい。

❶ 名うての　・	・ア 計略を企(くわだ)てる。
❷ つぶて　・	・イ 普通ではない。
❸ 謀(はか)る　・	・ウ 投げつける小石。
❹ ただならぬ　・	・エ 有名な。
❺ おぼつかない　・	・オ 危なっかしくて頼りない。

2 人物像　モンテフェルトロ公の語った体験談から、彼がどんな人物だとわかりますか。次から二つ選び、記号で答えなさい。　教p.256〜260

ア 優しい人物。　イ 高慢(こうまん)な人物。
ウ 欲深い人物。　エ 気弱な人物。
オ 繊細な人物。

（　　）（　　）

教科書の要点

1 設定　（　）に教科書の言葉を書き入れなさい。　教p.256

① 時…ある（　　）の寒い（　　）。
② 場所…ウルビノのモンテフェルトロ公の（　　）。
③ 登場人物
・（　　）。
・夜とぎの廷臣(ていしん)たち。

3 構成のまとめ　（　）に教科書の言葉を書き入れなさい。　教p.256〜260

まとまり		内容
設定	教はじめ〜p.257・上⑤	●夜とぎの廷臣たちが話をしているところに（①　　）が現れた。
展開	p.257・上⑥〜p.260・下⑬	▼モンテフェルトロ公は、（②　　）の恩返しの話をしたあと、「（③　　）」が自分の本当の姿だと語った。
結末	p.260・下⑭〜終わり	●モンテフェルトロ公が去ったあと、廷臣たちは黙りこくり、夜嵐(よあらし)の音に耳を傾けていた。

おさえよう

主題　モンテフェルトロ公が、〔ア 野がもの恩返し　イ 廷臣たちのうわさ〕の話をし、人間の〔ア 他者からの評判　イ 本当の姿〕は、表面上のふるまいからはわからないという考えを述べたという話。

基本問題

☆ **次の文章を読んで、問題に答えなさい。**

教p.259・上⑲〜259・下⑬

〔ある冬の夜、夜とぎの廷臣たちの前に現れたモンテフェルトロ公は、助けた野がもに恩返しされた話をする。〕

廷臣たちは目と目を見合わせた。若い廷臣が言った。

「驚き入ったお話です。わが殿は善き心の他は何ももっておられないのでございますね。」

「①そう思われては困る。」モンテフェルトロ公は鼻梁の突き出た鼻に指を当てながら言った。「私が宮廷の礼儀と上品さを重んじるからといって、人間を美徳だけからできていると思っているわけではない。②人間とは複雑な化け物なのだ。表面は静かでも、本当は荒れくるった獅子のような男もいる。反対に雄やぎのように怒りっぽくても、内心は気弱な男もいる。人間ほど混沌として始末に負えないものはないのだ。ふだん人々は私のことを我慢強い温厚な男だと言っている。だが、私が傭兵隊を率いてイタリア中を走り回っていた頃、人は、私を血に渇いたおおかみだと言ったものだ。私が宮廷でも寡欲を説くので、人々は本来、私が欲のない男だと思っている。だが、そうでないからこそあえてそう説いているのかもしれぬ。」

〈辻邦生「むさぼり」による〉

1 ①そう思われては困る。の「そう」はどういうことを指していますか。

攻略！ 直前の廷臣の言葉に注目しよう。

2 ②人間とは複雑な化け物なのだ。について答えなさい。

(1) ――線②の具体例を二つ挙げた連続する二文を文章中から抜き出し、一文めのはじめの五字を書きなさい。

(2) よく出る ――線②と同様のことを述べている一文を、文章中から抜き出しなさい。

3 モンテフェルトロ公は、自分についてどのように述べていますか。次の文の□にあてはまる言葉を文章中から抜き出しなさい。

人々は自分のことを［　　　　］だと思っているが、そうではないから［　　］を説くのかもしれない。

知識の泉 Q □にあてはまる共通の漢字は？ □塩にかける・□に余る

確認のワーク　ステージ1

那須与一（なすのよいち）——「平家物語」より

学習のねらい
- 場面の様子や人物の心情を想像しながら読もう。
- 対句表現に注目して、平家と源氏の対比を読み取ろう。

解答　23ページ　予想問題　136ページ

教科書の要点

1 係り結び　係りの助詞と結びの語を抜き出しなさい。　教p.264

扇（あふぎ）も射よげにぞなつたりける。

① 係りの助詞（　　　）　② 結びの語（　　　）

係り結び▼「ぞ・なむ・や・か・こそ」という係りの助詞があると、結びの部分の形が変わるというきまり。感動や疑問の気持ちなどを強調するときに用いられる。

2 対句表現　（　）に教科書の言葉を書き入れなさい。　教p.265

・沖には平家、舟端（ふなばた）をたたいて感じたり、
↔
・（①　　　）には（②　　　）、えびらをたたいてどよめきけり。

対句▼似た形式の言葉を並べて、印象を強める表現。

3 構成のまとめ　あとの□から言葉を選び、（　）に書き入れなさい。　教p.262〜266

場面	できごと
平家の挑発 教p.262・①〜262・⑫	●屋島（やしま）の戦い。平家方は扇を竿（さお）の先に付けた小舟（こぶね）を源氏に送り、扇を射てみよと挑発する。 ●源義経（みなもとのよしつね）は、配下の（①　　　）に扇を射ることを命じる。
矢の的中 教p.263・上①〜265・下③	●与一は神仏に祈り、射そんじたら（②　　　）するという覚悟で的に向かう。 ●矢はみごとに扇を射た。両軍ともいっせいにほめたたえた。
戦（いくさ）の本質 教p.265・④〜266・下⑪	●感に堪（た）えなかったのか、平家方の一人の武士が立ち上がって（③　　　）を舞った。命令に従って与一はこれも射た。

舞　自害　那須与一（なすのよいち）

おさえよう

主題　源氏の（ア 名誉　イ 財産）を一身に背負って難題に挑んだ与一の心情と、弓術のみごとさ。更に与一を賞賛した敵方の武士を射殺してしまうという戦の（ア みごとさ　イ 非情さ）を描いている。

知識の泉　A 手。　手塩にかける＝いろいろとめんどうを見て，教え育てる。手に余る＝手に負えない。

☆ 基本問題

次の文章を読んで、問題に答えなさい。

教 p.263・上①〜265・上③

　矢ごろ少し遠かりければ、海へ一段ばかりうち入れたれども、なほ扇のあはひ七段ばかりはあるらむとこそ見えたりけれ。頃は二月十八日の①酉の刻ばかりのことなるに、をりふし北風激しくて、磯打つ波も高かりけり。舟は、揺り上げⓐ揺りすゑ漂へば、扇も串に定まらずひらめいたり。沖には平家、舟を一面に並べて見物す。②陸には源氏、くつばみを並べてこれを見る。いづれもいづれも晴れならずといふことぞなき。与一目をふさいで、

「南無八幡大菩薩、わが国の神明、日光の権現、宇都宮、那須の湯泉大明神、ⓑ願はくは、あの扇のまん中射させてたばせたまへ。これを射そんずるものならば、弓切り折り自害して、人に二度面を向かふべからず。いま一度本国へ迎へんとおぼしめさば、この矢外させたまふな。」

と③心の内に祈念して、目を見開いたれば、風も少し吹き弱り、扇も射よげにぞなつたりける。

　与一、かぶらを取つてつがひ、よつぴいてⓒひやうど放つ。小兵といふぢやう、十二束三伏、弓は強し、浦響くほど長鳴りして、あやまたず扇の要ぎは一寸ばかりおいて、ひいふつとぞ射切つたる。かぶらは海へ入りければ、扇は空へぞ上がりける。しばしは虚空にひらめきけるが、春風に一もみ二もみもまれて、海へさつとぞ散つたりける。夕日のかかやいたるに、みな紅の扇の日出だしたるが、白波の上に漂ひ、浮きぬ沈みぬ揺られければ、沖には平家、舟端をたたいて感じたり、陸には源氏、えびらをたたいてどよめきけり。


〈「那須与一――『平家物語』より」による〉

1 線ⓐ〜ⓒを現代仮名遣いに直し、全て平仮名で書きなさい。

ⓐ（　　）　ⓑ（　　）　ⓒ（　　）

2 ①酉の刻 が表す時間帯はいつ頃ですか。次から一つ選び、記号で答えなさい。

ア 正午頃　イ 日没の頃　ウ 明け方　エ 真夜中

（　　）

3 よく出る ②陸には源氏、くつばみを並べてこれを見る。と対句になっている部分を、文章中から抜き出しなさい。

（　　）

4 扇を射ることへの与一の強い覚悟が表れている一文を、文章中の与一の言葉から抜き出し、はじめの五字を書きなさい。

□□□□□

攻略！ 与一が命をかけていることがわかる部分を抜き出そう。

5 ③心の内に祈念して とありますが、どのようなことを祈ったのですか。二十字以内で書きなさい。

□□□□□□□□□□□□□□□□□□□□

知識の泉 Q「ぶぜんとした表情」とはどのような表情？

確認のワーク ステージ1

見えないチカラとキセキ

学習のねらい
●「私」の行動を支えている考えに注目して読もう。
●「私」が何に励まされているのかを読み取ろう。

解答 24ページ

教科書の要点

1 きっかけ　「私」がゴールボールを始めたきっかけは何でしたか。 教p.269
（　）に教科書の言葉を書き入れなさい。

二〇〇四年アテネパラリンピックのゴールボールの試合を見ていて、日本女子チームが（　　）を獲得したことが、（　　）だったこと。

2 要点　「私」がゴールボールをやめなかったのはなぜですか。 教p.271〜272
（　）に教科書の言葉を書き入れなさい。

●信頼できるコーチと、一緒に考え動いてくれ、「私」が（　　）まで待っていてくれる仲間の（　　）があったから。
●〝（　　）〟ことを理由に言いわけせず、自分と本気で（　　）みたいと思ったから。

3 構成のまとめ　（　）に教科書の言葉を書き入れなさい。教p.269〜273

まとまり	内容
ゴールボールとの出会い p.269・上①〜269・下⑦	●二〇〇四年…日本女子チームの銅メダル獲得 ↓衝撃的（しょうげき） 「私」も世界の舞台で自分自身を全身で表現して、あんなふうに（①　　）。
ゴールボールを始める p.269・下⑧〜270・上⑮	・当時の「私」…運動とは無縁な女の子。 ・普通の人よりもはるか（②　　）からのスタート。
練習の様子 p.270・上⑯〜271・上②	・わからないことばかりで（③　　）になる。 ・先生や小宮選手の指導→自分のできていない部分がわかってくる。
ゴールボールをやめない理由 p.271・上③〜終わり	①仲間とコーチの存在・言葉→一緒に考え動いてくれ、気づくまで（④　　）くれる。 ②自分と本気で向き合ってみたい。 ↓〝見えない〟ことを理由に逃げ腰になるのは嫌だ。

おさえよう

主題　自分も（ア チーム　イ 世界の舞台）で輝いてみたいと思った「私」は、仲間やコーチの言葉に励まされ、また、〝見えない〟ことを理由にせず、自分と（ア 本気　イ 手さぐり）で向き合いたいと思い、続けている。

知識の泉　**A　失望してぼんやりとした表情。**　腹を立てている様子ではないので注意。

基本問題

★ 次の文章を読んで、問題に答えなさい。 教p.269・上⑦〜269・下⑦

〝見ていた〟といっても、もう視力はほとんど残っていませんでしたから、テレビの実況(じっきょう)や、一緒に見ている友達の説明を聞いて観戦していました。

私たちが見ていたのは、ゴールボール女子の三位決定戦。興奮するアナウンサーが、日本女子チームの銅メダル獲得の瞬間を伝えていました。その試合は、①私には衝撃(しょうげき)的でした。この人たち、ホントに目が見えんとかいな。

見えない状態で、コートの中を自由に走っているなんて。世界の舞台で戦っているってスゴイ。

②自分をめいっぱいに表現して、戦っている彼女たちの姿が私には非常にまぶしく映りました。わあ、いいなあ。カッコイイな。③私もやってみたいな。テレビや本などを見て、そう思うことってよくあると思います。でも、そこで実際に一歩踏み出して行動するのか。思っただけで終わらせるのか。そこが、運命の分かれ道だと思うのです。

世界の舞台で自分自身を全身で表現して、私もあんなふうに輝(かがや)いてみたい。私はテレビを見て感動したあと、すぐに行動しました。

驚いたことに、ジャパンチームのヘッドコーチが私の学校の体育教官だったのです。④私ってなんてツイてるんだろう。私は勢い勇んで、放課後のゴールボールの練習場に飛び込みました。

〈浦田(うらた)理恵(りえ)・竹内(たけうち)由美(ゆみ)「見えないチカラとキセキ」による〉

1 よく出る ①私には衝撃的でしたとありますが、「私」はどのようなことに衝撃を受けたのですか。

（　　　　）

攻略！ ——線①のあとの部分に注目しよう。

2 ②自分をめいっぱいに表現してと同じ内容の表現を文章中から十二字で抜き出しなさい。

□□□□□□□□□□□□

3 ③私もやってみたいな。とありますが、「私」がゴールボールを始めようと思った理由を次から一つ選び、記号で答えなさい。

ア　偶然(ぐうぜん)観戦したゴールボールの試合がおもしろかったから。

イ　日本のゴールボール女子チームの強さを見習いたかったから。

ウ　自分もゴールボールの選手のように輝きたいと思ったから。

エ　ゴールボールならば自分でもできそうだと思ったから。

（　　）

4 ④私ってなんてツイてるんだろう。とありますが、「私」がこのように思った理由がわかる一文を文章中から抜き出し、はじめの五字を書きなさい。

□□□□□

知識の泉　Q「歌のさわりの部分」とはどの部分？

実力判定テストA ステージ2

見えないチカラとキセキ

30分

自分の得点まで色をぬろう!
100点 80 60 0 合格!
/100

解答 24ページ

次の文章を読んで、問題に答えなさい。

教 p.271・上③〜273・下①

自分にはセンスがないな。やっぱりやめようかな……。仲間と自分を比べて、そんな思いがふとしたときに頭をよぎります。それでも①やめなかったのには理由がありました。

一つは仲間とコーチの存在です。

江黒先生はここだけの話、怒るととても怖いです。でも、めちゃめちゃ怒るけど、できたところはしっかり褒めてくれる。いいところも悪いところもちゃんと見ていてくれる。その安心感が信頼につながっています。

失敗したとき、先生からよくこんな言葉をもらいました。

②「ミスしてもいいよ。何回ミスしてもいいけど、同じミスはするなよ。」

たとえミスをしたとしても、なぜミスをしたのかを考え、工夫して再チャレンジすれば、それはミスじゃない。同じミスをしたり、諦めたりしたときが本当の失敗だと、先生はわかりやすい言葉で励ましてくれたのです。

また、仲間は私がコートでミスをすると、「失敗してもいいから思いきってやってみて。理恵がミスしたぶんは私がカバーするから。」と声をかけてくれました。「次も失敗したらどうしよう。」と下を向いていた私は、何度その言葉に救われたことでしょう。

地味な筋力トレーニングなどをやっているときも、もともと運動が苦手だった私は、「このくらいでやめようかな……。もうキツイし。」などと何度も思うのですが、その隣で歯を食いしばってがんばっている先輩の姿に、「私も、もうちょっとがんばろう。」と刺激をもらいました。

口先だけで、「がんばれ。」「がんばれ。」と言うことは誰だってできます。でも、先輩や仲間は一緒に考え動いてくれ、私が気づくまで待っていてくれました。

そして、ゴールボールをやめなかったもう一つの理由は、自分と本気で向き合ってみたかったからです。

私は、訓練学校に通い始め、ゴールボールと出会ってから、ちょっとずつではありますが前向きに考えられるようになっていました。でも、やっぱりどこかで〝見えない〟ことを理由に逃げ腰になっているもう一人の自分を感じていました。

私って、このままいつまでも〝見えない〟ことを理由に言いわけし続けるのかな。〝見えない〟ことから一生逃れられないのかな。

そう考えたとき、③「このままじゃ嫌だ。」という強い思いが、心の底からわきあがってきたのです。人生って一回しかない。言いわけばかりしている人生なんて……私は嫌だ。

そう思ったとき、④ゴールボールは実

知識の泉 A **最も印象的な部分。サビの部分。** 始まりの部分という意味ではない。

に最適なスポーツだったのです。

ゴールボールは全員が目隠しをした状態でプレーをします。「すみませーん。見えないからボール取りそこねました。」なんて言いわけは、通用しないスポーツなのです。見えないという条件は、みんな同じ。この見えないことが言いわけにならないスポーツで世界を目指してみたい。

⑤私の心のスイッチが入りました。

〈浦田(うらた)理恵(りえ)・竹内(たけうち)由美(ゆみ)「見えないチカラとキセキ」による〉

1 よく出る ①やめなかったのには理由がありましたとありますが、その理由を二つ書きなさい。 10点×2(20点)

2 仲間やコーチの言動として適切でないものを次から一つ選び、記号で答えなさい。 (10点)

ア 一緒に考え動いてくれて私が気づくまで待っていてくれる。

イ "見えない"ことを言いわけにする私をしかってくれる。

ウ いいところも悪いところもちゃんと見ていてくれる。

エ 私が失敗したときにはカバーしようとしてくれる。

3 記述 ②ミスしてもいいよ。とありますが、ミスをしたときはどのようにすればよいと先生は考えていますか。 (20点)

攻略! 直後の、先生の考えを述べた部分から読み取ろう。

4 よく出る ③このままじゃ嫌だ。とありますが、「私」は何を嫌だと思ったのですか。次から一つ選び、記号で答えなさい。 (10点)

ア 見えないことを理由に何度もミスを繰り返すところ。

イ 見えないことを理由に練習を怠けようとするところ。

ウ 見えないことを理由に失敗から何も学ばないところ。

エ 見えないことを理由に逃げ腰になっているところ。

5 よく出る ④ゴールボールは実に最適なスポーツとありますが、「私」はゴールボールをどのようなスポーツだと考えていますか。次の□A・Bにあてはまる言葉を文章中からそれぞれ四字で抜き出しなさい。 10点×2(20点)

ゴールボールは全員が目隠しをしていて、[A]という[B]が通用しないスポーツ。

A

B

6 ⑤私の心のスイッチが入りました。とありますが、「私」はどのように思ったのですか。 (20点)

知識の泉

Q 同じ漢字を二つ重ねて言葉になるのはどれ？ ア＝告 イ＝穀 ウ＝刻

確認のワーク　ステージ1

水田のしくみを探る（さぐ）

学習のねらい

●水田に凝らされた工夫や、水田のさまざまな長所を読み取ろう。
●水田が私たちの生活に大きく関わっていることを捉えよう。

解答 24ページ

教科書の要点

1 話題　水田での稲作（いなさく）はいつ頃日本に渡ってきたと考えられていますか。（　）に教科書の言葉を書き入れなさい。　教 p.274

朝鮮半島を経て、紀元前（　　　）年から（　　　）年頃、日本に渡ってきたと考えられている。

2 要点　次の問題に答えなさい。

(1) 水田の水の下の土壌を上から順に示した次の（　）に、教科書の言葉を書き入れなさい。　教 p.275

（　　　）層→（　　　）層→（　　　）

(2) 日本全国の水田が蓄える水の量はどれくらいですか。（　）に教科書の言葉を書き入れなさい。　教 p.276

約（　　　）立法メートル

3 構成のまとめ　（　）に教科書の言葉を書き入れなさい。　教 p.274〜278

まとまり	序論	本論	結論
	教はじめ〜p.274・⑫	p.274・⑬〜278・上③	p.278・上④〜終わり
内容	●問題提起 水田はどのように作られ、どのような知恵（ちえ）が集まっているのか。	●水田を土を（①　）作る長所 一つめ　連作障害を防ぐ効果。 二つめ　（②　）を防ぐ効果。 三つめ　私たちの生活に必要な（③　）の確保。 その他の自然に与えるよい影響 ・稲（いね）の（④　）作用で、空気中の湿度や温度が調節される。 ・光合成によって、（⑤　）をきれいにする。	●水田に対する筆者の考え ・優れた長所をもち、私たちの生活にさまざまな（⑥　）を与えてくれる。 ・先人の優れた知恵が集まっている。

おさえよう

要旨　水田を土で作ることには、〔ア　害虫の被害　イ　連作障害〕を防ぐ効果、災害を防ぐ効果、水資源の確保に役立つなどの長所があり、さまざまな恩恵を与えてくれる水田には先人の〔ア　知恵　イ　技術〕が集まっている。

知識の泉　**A**　ウ　（刻刻・刻々）同じ漢字を重ねる言葉には他に段々・喜々など。

基本問題

☆ 次の文章を読んで、問題に答えなさい。教p.274・④〜275・上⑭

　今から約七千五百年前に中国で始まった水田での稲作は、朝鮮半島を経て①紀元前七百年から六百五十年頃、日本に渡ってきたと考えられています。水田は初め、河川の流域や湖・沼の周辺、盆地、海岸のデルタ地帯など、水が豊富に得られる場所に作られました。土地が不足してくると、棚田のように山の斜面にも作られるようになりました。しかし、水田はプールのように水をただため込んでいるだけでも、砂場のようにただしみ込ませているだけでもないのです。いったい、水田はどのように作られているのでしょうか。

　水田は周囲をあぜで囲み、深さが等しくなるように上面を水平に整地して水を張り、その中に稲を植え込んで作られます。しかし、ただ土を掘り下げただけでは、水が地下へとしみ込んでしまうので、そこには②さまざまな工夫が凝らされています。

　水田を縦に切ってみると、水の下の土壌は上から順に、作土層、鋤床層、心土に分けられます。作土層は稲が根を張る部分で、厚さは十センチメートルから十五センチメートルほどあります。作土層は酸化層と還元層という二つの層に分かれていて、ここで栄養分になる有機物の酸化分解と還元が行われます。その下の③鋤床層は、土をつき固めて作られた水を通しにくい層で、ここに水をためるとともに、農作業をする人や農機具が土の中に潜らないようにします。土壌の底部には土を緊密に固めて作った心土があり、ここからはゆっくりとしか水漏れは起きないようなしくみになっています。

〈岡崎稔「水田のしくみを探る」による〉

1 ①紀元前七百年から六百五十年頃　とありますが、この頃、稲作は、どこからどこを経て日本に渡ってきましたか。（　　）にあてはまる言葉を、文章中から抜き出しなさい。

（　　　　）から（　　　　）を経て、日本に渡ってきた。

2 よく出る 上の文章で筆者が説明しようとしている話題がわかる一文を文章中から抜き出し、はじめの五字を書きなさい。

攻略！ 文末表現に注目して、問いかけの文を探そう。

3 記述 ②さまざまな工夫　とありますが、何のために工夫するのですか。文章中の言葉を使って書きなさい。

（　　　　　　　　　　）

4 ③鋤床層は、土をつき固めて作られた水を通しにくい層　とありますが、この部分はどのようなはたらきをしていますか。次から二つ選び、記号で答えなさい。

ア ゆっくりとしか水漏れが起きないようにする。
イ 農作業をする人や農機具が土の中に潜らないようにする。
ウ 栄養分になる有機物の酸化分解と還元を行う。
エ 水をためる。
オ 稲が根を深く張れるようにする。

（　　）（　　）

知識の泉 Q ——を漢字で書くと？　災害にソナえる。

実力判定テストA ステージ2

水田のしくみを探る

30分

自分の得点まで色をぬろう!

/100

解答 25ページ

☆ 次の文章を読んで、問題に答えなさい。

教 p.275・上⑮〜277・②

こんなに手間をかけて水漏れが少ない水田を作るなら、いっそのことコンクリートで底を固めてしまったらいいのではないかと思うかもしれません。しかし、水田は今でも土を固めて作っています。それには、次のような①三つの長所があるからです。

まず第一に、②連作障害を防ぐ効果があることです。

畑では同じ土地に同じ農作物を続けて作ると、収穫が少なくなったり、作物が病気になったりします。これを連作障害と呼びます。連作障害が起こる原因は、二つあります。

その一つは、ある作物が育つのに必要な栄養分がしだいに少なくなっていくからです。畑ではそれを避けるために、栽培する作物の種類を毎年変えるのですが、水田では米を毎年続けて作っていても連作障害は起こりません。水田に流れ込む水には、山に降った雨が流れてくる間に落ち葉や土から吸い上げた栄養分がたくさん含まれています。しかも、水は流れているので、次々と栄養分が運ばれてきます。また、土は酸素が多い状態だと栄養分が急速に分解され、失われてしまうのですが、水田は表面に水をたたえているので、土が酸素に触れることがないのです。

連作障害が起こるもう一つの原因は、植物自身が出す老廃物などが土の中にたまり、農作物の生長を妨げるからです。畑だと③それがどんどんたまってしまうのですが、水田は、心土がコンクリートと違って僅かずつ水を通すので、その水と一緒に老廃物も流してくれるのです。そして、土の中の微生物には有害物質を分解するはたらきがあるので、長い間にはその老廃物を無害な物質に変えてくれるのです。

土を固めて水田を作ることによる二つめの長所は、④災害を防ぐ効果が生まれることです。

水田は、周囲の高さが三十センチメートルほどの浅くて広い池であるともいえます。ですから、⑤大雨が降っても雨水を受け止め、洪水を防ぐはたらきをするのです。日本全国に広がる水田が蓄える水の量は約八十億立方メートルにもなります。これは、各地に造られている治水ダムのおよそ三・四倍もの貯水量に相当します。

日本の国土の約七十パーセントは山地で斜面が多く、川も急流なので、大雨が降ると川の水量が急に増え、それが一気に平野部に流れ込みます。そのため、川の水があふれ、ときには洪水が起こります。また、雨水と一緒に土砂を押し流すので、土石流などの災害の原因になります。しかし、水田は、それ自体がため池となって雨水をため込み、その雨水を徐々に放水していくことによって、洪水を防ぐのに役立っているのです。裸になっている土地の土壌の流出度合いを百とすると、果樹園では十から十七、牧草地では三であるのに、水田はほぼゼロです。特に山間地帯の棚田は急斜面にあることが多いので、地崩れを防ぐ大切なはたらきをしています。

〈岡崎 稔「水田のしくみを探る」による〉

知識の泉　A 備。「備える」＝ものごとに対応できるように準備する。「供える」は「神仏などに物をささげる」という意味。

1 ①三つの長所 について答えなさい。

(1) 何をすることの長所ですか。「……こと。」に続く形で十字以内で書きなさい。 (10点)

こと。

(2) よく出る 三つの長所のうち、ここでは二つが示されています。この二つの長所とはどのようなことですか。説明しなさい。 10点×2 (20点)

攻略！ 「まず第一に」、「二つめの」という言葉に注目する。

2 よく出る ②連作障害 とありますが、これはどのような状況になることですか。文章中の言葉を使って説明しなさい。 (15点)

3 ③それ は何を指していますか。文章中から抜き出しなさい。 (10点)

4 よく出る ④災害を防ぐ効果 とありますが、文章中では、どのような災害が指摘されていますか。三つ抜き出しなさい。 5点×3 (15点)

5 記述 ⑤大雨が降っても雨水を受け止め、洪水を防ぐはたらきをする とありますが、このときの水田のはたらきを具体的に説明しなさい。 (20点)

攻略！ 次の段落で述べられている水田のはたらきをおさえる。

6 文章の内容として適切なものを次から一つ選び、記号で答えなさい。 (10点)

ア 水田では、稲が他の農作物と比べてあまり老廃物を出さないので、連作障害が起こりにくい。

イ 水田は、自然環境に与えるよい影響よりも、防災に役立っていることのほうが重要だ。

ウ 水田は、連作障害を防ぐことにも災害を防ぐことにも役に立っている。

エ 水田は、洪水が起きないように水をため込む目的で日本全国にたくさん作られた。

プラスワーク 聞き取り問題① プレゼンテーション

野菜をもっと食べよう

放送文は、上のQRコードから聞くことができます。

解答 26ページ

/100

★ 放送を聞いて、問題に答えなさい。

メモ欄（らん）　放送の間は、問題に答えずメモを取りましょう。

「パーセント」などで表される数字や、グラフについて説明されている内容に気をつけてメモを取ろう。

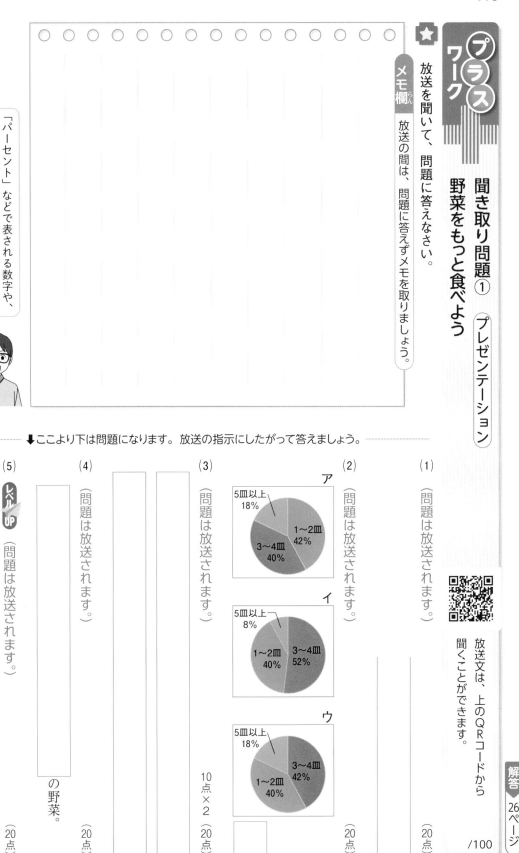

⬇ここより下は問題になります。放送の指示にしたがって答えましょう。

(1) （問題は放送されます。）　（20点）

(2) （問題は放送されます。）　（20点）

ア

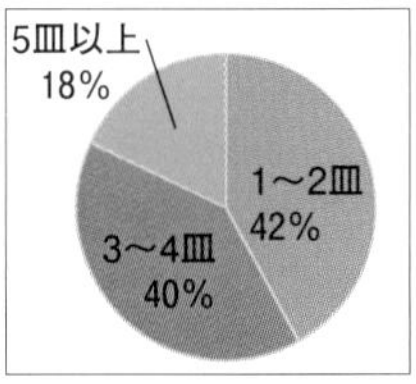

イ

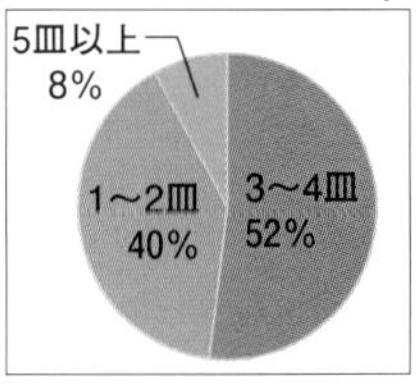

ウ

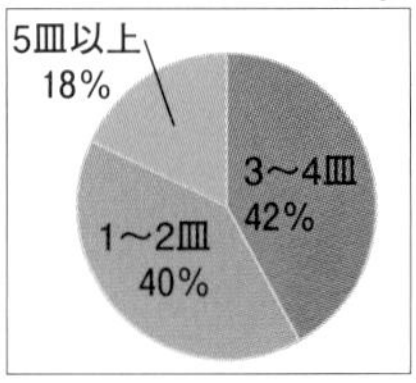

(3) （問題は放送されます。）　10点×2　（20点）

(4) （問題は放送されます。）　　　の野菜。　（20点）

(5) レベルUP （問題は放送されます。）　（20点）

プラスワーク　聞き取り問題②　電子書籍と紙の本

グループディスカッション

/100

解答 27ページ

放送文は、上のQRコードから聞くことができます。

☆ 放送を聞いて、問題に答えなさい。

メモ欄 放送の間は、問題に答えずメモを取りましょう。

それぞれの発言者が、電子書籍と紙の本のどちらを支持しているかに注意しよう。
また、その理由もメモしておこう。

⬇ここより下は問題になります。放送の指示にしたがって答えましょう。

(1) （問題は放送されます。）（20点）
電子書籍と紙の本の ＿＿＿＿ 。

(2) （問題は放送されます。）（20点）

(3) （問題は放送されます。）（20点）

(4) （問題は放送されます。）（20点）

(5) レベルUP （問題は放送されます。）（20点）

プラスワーク

日本文学史（鎌倉時代～室町時代）

文学史の要点

鎌倉時代

【貴族文化から武家文化へ】 戦乱の世が続く中で、戦いを題材にした軍記物語や、世の中をはかないものと考える仏教的な無常観に基づいた作品が生まれた。

歌集

新古今和歌集 藤原定家ら撰。後鳥羽上皇の命による勅撰和歌集。七五調、技巧的で余情ある歌が多い。代表的歌人は、式子内親王、西行法師など。

軍記物語

平家物語 作者不明。平家一門の栄枯盛衰を、仏教的な無常観に基づき悲哀をもって描いた長編。琵琶法師によって語り広められた。

随筆

方丈記 鴨長明。悲惨な乱世の世の中を見つめ、人生の無常を説いた。

徒然草 兼好法師。豊かな教養と鋭い批評眼で、自然や人生についての感想・評論や見聞などを記した随筆。この時代の特徴である無常観が根底に流れる。

❖**日本古典の三大随筆**
枕草子（清少納言）・**方丈記**（鴨長明）・**徒然草**（兼好法師）

説話集

宇治拾遺物語 編者不明。世俗や仏教の説話などをまとめている。「舌切りすずめ」など、現在も昔話として知られている話が多数収められている。

室町時代

【庶民の文化と芸能】 民間の説話などをわかりやすく描いた御伽草子のほか、能、狂言、連歌など、庶民を中心にした文化が栄えた。

物語

太平記 作者不明。南北朝に分かれた朝廷の対立を和漢混交文で描いた軍記物語。

御伽草子 庶民に親しまれた絵入りの短編物語の総称。「浦島太郎」などがある。

芸能

能 猿楽や田楽といった民衆芸能の芸術性を高めて大成した舞台芸能。

狂言 能の間に上演される滑稽な庶民劇。風刺や笑いを主題とする。

歌

連歌 上の句（五七五）と下の句（七七）を何人かで詠み継ぐ。庶民に流行。

基本問題

(1) 藤原定家ら撰の勅撰和歌集を答えなさい。
（　　　　）

(2) 平家の興亡を描いた軍記物語を答えなさい。
（　　　　）

(3) 日本古典の三大随筆とは、「枕草子」「方丈記」の他に何がありますか。
（　　　　）

(4) 鎌倉時代の随筆や軍記物語に特徴的にみられる仏教的思想を、三字で答えなさい。
［　　　］

(5) 狂言と関係の深いものを次から一つ選び、記号で答えなさい。
ア 能　イ 連歌
ウ 和歌　エ 川柳
（　　）

解答 (1) 新古今和歌集 (2) 平家物語 (3) 徒然草 (4) 無常観 (5) ア

定期テスト対策

得点アップ！予想問題

1 この「**予想問題**」で実力を確かめよう！

時間もはかろう

2 「**解答と解説**」で答え合わせをしよう！

3 わからなかった問題は戻って復習しよう！

この本での学習ページ

スキマ時間で漢字と知識事項を確認！
別冊「**スピードチェック**」も使おう

●予想問題の構成

回数	教科書ページ	教科書の内容	この本での学習ページ
第1回	20～29	セミロングホームルーム	4～9
第2回	44～51	人間は他の星に住むことができるのか	18～23
第3回	60～68	短歌の世界／短歌十首	26～31
第4回	76～83	壁に残された伝言	36～41
第5回	88～95	一〇〇年後の水を守る	42～47
第6回	106～113	枕草子・徒然草（枕草子）	50～53
第7回	106～113	枕草子・徒然草（徒然草）	54～57
第8回	116～129	平家物語	58～63
第9回	132～137	漢詩の世界	64～69
第10回	162～173	小さな手袋	82～87
第11回	182～191	動物園でできること	88～93
第12回	200～217	走れメロス	96～101
第13回	250～255	ポテト・スープが大好きな猫	102～105
第14回	256～261	むさぼり	106～107
第15回	262～267	那須与一 ――「平家物語」より	108～109

第1回 予想問題　セミロングホームルーム

次の文章を読んで、問題に答えなさい。

解答 29ページ　15分　●5問中　問

「うおっ。」

さっきのトリノと同じような声を出して、黒岩先生は私たちの後ろで硬直している。早くもセミに気がついたらしい。

「どうかしました?」

学級委員が黒岩先生に聞く。先生は後ろから答えた。

「な、なんでも。」

「なんでもあるのかないのか、最後までちゃんと言ってください。」

冷静かつ絶妙な学級委員の切り返しに、クラス中が大爆笑だ。①黒岩先生は引きつった笑い顔で頭をかいている。

さて、②仲間が三人に増えた。増えたところで、どうしたものか。教室の後ろの隅で、私たちは三人とも困り果てている。

黒岩先生はトリノを信頼しているので、彼がなにか考えをめぐらせていることを察したんだと思う。ガラスのように③繊細な瀬尾(せお)くんを誰よりも理解しているのは、おそらく黒岩先生、あなたですね。

そのとき、なにか気配を感じたのか、瀬尾くんが右手を伸ばして左肩のあたりを触った。

私たち三人は、「ひゅっ。」と息をのんだ。

けれど、そのセミは思いの外図太い性格だった。すぐ近くを瀬尾くんの手がうろうろしているのにもかかわらず、微動だにせずおとなしく止まっている。なんて鈍感なんだろう。少しは瀬尾くんの繊細さを見習ってほしいものだ。

④私たち三人は、「ふううっ。」とため息をもらした。

〈戸森(ともり)しるこ「セミロングホームルーム」より〉

1 ①黒岩先生は引きつった笑い顔で頭をかいている。とありますが、このときの黒岩先生の心情を一語で表したものとして適切なものを次から一つ選び、記号で答えなさい。

ア 腹立たしさ　イ きまり悪さ

ウ うれしさ　エ くやしさ

2 ②仲間が三人に増えた とありますが、どのような点において「仲間」なのですか。

3 ③繊細 と対照的な意味の言葉を文章中から二つ、それぞれ三字と二字で抜き出しなさい。

4 ④私たち三人は、「ふううっ。」とため息をもらした。には、「私たち三人」のどのような気持ちが表れていますか。その気持ちになった理由もわかるように説明しなさい。

1	2	3	4
		・	

第2回 予想問題 人間は他の星に住むことができるのか

次の文章を読んで、問題に答えなさい。 解答 29ページ 15分 ●5問中 問

人間が他の星に移り住むためには、「地球からの距離」と「生きていける環境」が重要な条件になります。

最初に、①月はどうでしょうか。月は地球から最も近い天体であり、人間が既に到達したことがある唯一の星です。

しかし、残念ながら月には水も大気もほとんどありません。水は、人間の体をつくるものであり、水がない環境では人間は生きてはいけません。また、大気というのは、熱を逃さない毛布のような役割を果たします。大気がないと、その星の温度は急激に下がったり、上がったりしてしまうため、安定しません。②大気がない星というのは、人間が生きていくには厳しい環境だといえます。そのうえ、月は重力も地球の六分の一程度しかありません。したがって、月は人間が生きていける環境の条件を満たしていません。

次に、地球からの距離が近い③金星はどうでしょうか。金星は大きさや質量が地球に近いので、重力も地球とほぼ同じです。「地球の姉妹惑星」と呼ばれるほどです。もし人間が金星に住んでも、重力の変化による体の負担はほとんどないと考えられます。

また、金星には、月にはなかった大気もあります。ただし、その九六パーセントが二酸化炭素でできています。そのため、二酸化炭素による温室効果によって、金星の表面温度は五〇〇度近くもあり、たとえ水があったとしても、全て蒸発してしまいます。人間が生きていくために欠かせない水を確保することは難しいようです。

地球からの距離という点では、水星も移り住める可能性がある星です。しかし、水星は太陽に最も近く、大気もほとんどないので、表面温度が昼間は四〇〇度、夜にはマイナス一七〇度にもなります。④この厳しい環境では、やはり水を確保することはできません。

〈渡部潤一「人間は他の星に住むことができるのか」による〉

1 ①月はどうでしょうか とありますが、月が他の星と比べて有利なのはどのような点ですか。

2 ②大気がない星……厳しい環境だといえます。というのはなぜですか。

3 ③金星はどうでしょうか とありますが、金星に人間が移住した場合、どのような利点が考えられますか。

4 ④厳しい環境 とありますが、水星が「厳しい環境」になる要因として適切なものを次から二つ選び、記号で答えなさい。

ア 地球との距離が遠いこと。
イ 大気がほとんどないこと。
ウ 重力が地球と異なること。
エ 太陽との距離が近いこと。
オ 質量が地球より大きいこと。

1	
2	
3	
4	

第3回 予想問題　短歌の世界／短歌十首

次の短歌を読んで、問題に答えなさい。

解答 29ページ　15分　●13問中　問

A 「寒いね」と話しかければ「寒いね」と答える人のいるあたたかさ　俵万智

B 観覧車回れよ回れ想ひ出は君には一日我には一生　栗木京子

C くれなゐの二尺伸びたる薔薇の芽の針やはらかに春雨のふる　正岡子規

D その子二十櫛にながるる黒髪のおごりの春のうつくしきかな　与謝野晶子

E みちのくの母のいのちを一目見ん一目みんとぞただにいそげる　斎藤茂吉

F 白鳥は哀しからずや空の青海のあをにも染まずただよふ　若山牧水

G シャボンまみれの猫が逃げだす午下がり永遠なんてどこにも無いさ　穂村弘

H 細胞のなかに奇妙な構造のあらわれにけり夜の顕微鏡　永田紅

〈「短歌の世界」「短歌十首」による〉

1 A〜Hの短歌から、体言止めが用いられている短歌を全て選び、記号で答えなさい。

2 A〜Hの短歌から、Ⅰ…初句切れの歌を一つ、Ⅱ…二句切れの歌を二つ、Ⅲ…三句切れの歌を一つ選び、記号で答えなさい。

3 次の①〜⑧の鑑賞文にあてはまる短歌を一つずつ選び、A〜Hの記号で答えなさい。

① 流れるようなリズム感があり、植物と周囲の様子の柔らかな印象を与えるとともにみずみずしい生命力を感じさせている。

② 命令形による勢いとリズム感にあふれた表現で、同じ時間を共有する二人の、感じ方が異なるせつなさが伝わってくる。

③ 地道な作業を繰り返すなかで、新しい発見を前にした研究者の静かな興奮と緊張が感じられる。

④ 言葉の反復をとおして、一刻も早く故郷にいる家族のもとに行きたいという切実な願いと焦りが伝わってくる。

⑤ なにげない日常の会話を効果的に取り入れて、人と人との温かい心のつながりを感じさせている。

⑥ 平易な言葉づかいで、のどかな日常のなかに繰り広げられるユーモラスな光景を軽やかに描いている。

⑦ 鮮やかな色彩の対比のなかに、純粋な心で生き抜こうとする作者の孤高の精神が浮かび上がってくる。

⑧ 字余りの初句によって強い印象を与え、更にそのあとに「の」を繰り返し使うことで流麗な調べを生み出している。

1	2	3
	Ⅰ	①
	Ⅱ	②
		③
	Ⅲ	④
		⑤
		⑥
		⑦
		⑧

第4回 予想問題 壁に残された伝言

次の文章を読んで、問題に答えなさい。

解答 29ページ　15分　●4問中　問

原爆の直後、愛する人の行方（ゆくえ）がわからず、必死で探す人が書いた伝言の文字には、何が写されているのか。発見された伝言を取材者として初めて見たとき、私は正直①途方にくれた。貴重な原爆の遺物であるという意味で迫力は感じた。だが、何が書いてあるのか文字を追うのさえ容易ではない。どこからどこまでが一つの伝言なのかもわからない。名前はいくつか読めるが、書いた人の名前なのか、探している人の名前なのかもわからない。その人がその後どうしたのかはもちろんわからない。

しかし、取材が進み、家族などの関係者が見つかって、彼らと一緒に書かれた文字の前に立ったとき、驚くべきことが起こった。②彼らはいとも簡単にそのかすれた文字を読み、「ああそうだったのか。」とつぶやいた。そして涙を流した。

それを横で聞きながら私は、もう一度、その文字を眺めた。涙が出た。

書家でもなければ芸術家でもない人が書いた、しかもただ人を探すという目的のために書いた、文章ともいえない文字が、③人の心をこんなに揺さぶるのか。半世紀の時を超えて、伝言の文字の中から「あの日」があふれ出た瞬間だった。

そして伝言に刻まれた「あの日」のことは、その話を聞いた多くの人々に伝わっていった。伝言のある場所に、直接には関係ない人々が集まってきた。人々は文字の前で口をつぐみ、立ちつくした。

「被爆の伝言」。それは現代の私たちに、あの日のことを静かに、力強く語ってくれる遺産であり、証人なのである。④伝言の「あの日」が伝わっていく無限の連鎖は、今も続いている。

〈井上恭介（いのうえきょうすけ）「壁に残された伝言」による〉

1 ①途方にくれた とありますが、その理由を次から一つ選び、記号で答えなさい。

ア 伝言と、取材したいこととの間にずれがあったから。
イ 伝言からでは具体的な事実がなかなかわからなかったから。
ウ 伝言からは原爆の悲惨（ひさん）さが伝わってこなかったから。
エ 貴重な原爆の遺物である伝言の迫力に押されたから。

2 ②彼らはいとも簡単に……つぶやいた。とありますが、「彼ら」がそのかすれた文字を読むことができたのはなぜですか。

3 ③人の心をこんなに揺さぶるのか とありますが、筆者が心を揺さぶられた理由を次から一つ選び、記号で答えなさい。

ア 誰も読めなかった文字が関係者の努力で解読できたから。
イ さまざまな人の協力を得て、「あの日」が明らかになったから。
ウ 伝言には半世紀前のできごとが記されていたから。
エ 伝言の文字の中から「あの日」があふれ出てきたから。

4 ④伝言の……続いている。にこめられた筆者の思いを答えなさい。

1	3
2	4

第5回 予想問題 一〇〇年後の水を守る

次の文章を読んで、問題に答えなさい。

解答 30ページ　15分　●4問中　問

次に、①雨を貴重な水資源と捉え、大切に賢く使う「雨水利用」の方法を考えることも大切だ。一つの住宅や一つのビルでためられる雨水は少量であっても、地域全体としては大きな効果があるからだ。仮に東京都内の全ての一戸建て住宅が屋根に降った雨をためたとすると、年間で一億三〇〇〇万トンの水が確保できる計算になる。これは利根川上流の巨大ダムが東京都に供給している水量を上回る。

雨水を蓄えるということで忘れてはならないのは、森林のはたらきだ。②「緑のダム」と呼ばれる森林は、雨を受け止め、土壌に染み込ませ、ろ過し、地下水として蓄える。また、水を張った田んぼにも地下水涵養の機能があり、平均して、一日一ヘクタール当たり二万トンの水を土壌に浸透させている。森林も水田も、貴重な地下水を育む場所なのだ。

また、日本では、使った水を繰り返して使う「再利用」の技術が進んできている。工業用水の再利用は、一九六〇年代には三五パーセント程度だったが、現在では七八パーセントにまで高まっている。③この技術を発展させ、それを世界に発信することによって、水問題に苦しむ国や地域に貢献することができる。

④水問題は、水自体に問題があるわけではない。行きすぎた人間の行動が鏡に映ったものが、水問題である。これは、地域の問題であると同時に、世界の問題である。現代の課題であると同時に、将来を見据えて長期的に捉えるべき課題である。自然の摂理の中で、身近な水を大切に使う生活、一〇年後、一〇〇年後の水を育む生活こそが、水問題の解決につながっていく。

〈橋本淳司「一〇〇年後の水を守る」による〉

1 ①雨を貴重な水資源と捉え とありますが、雨が貴重な水資源であると筆者が考える理由を次から一つ選び、記号で答えなさい。
ア どんな場所でも雨水は地面に染み込んで地下水になるから。
イ 地域全体でためられる雨水の量は膨大なものになるから。
ウ 水害を防ぐためにも雨水を賢く利用することは必要だから。
エ 雨水は工業用水としても再利用することが可能だから。

2 ②「緑のダム」と呼ばれる森林 とありますが、森林はなぜ「緑のダム」と呼ばれるのですか。

3 ③この技術 とはどのような技術ですか。

4 ④水問題は、水自体に問題があるわけではない。とありますが、では、水問題はどのような問題だというのですか。

1	2	3	4

第6回 予想問題 枕草子・徒然草（枕草子）

次の文章を読んで、問題に答えなさい。 解答30ページ 15分 ●11問中　問

春はあけぼの。①やうやう白くなりゆく山ぎは、少しあかりて、紫だちたる雲の細くたなびきたる。

夏は夜。②月の頃はさらなり。闇もなほ、蛍の多く③飛びちがひたる。また、ただ一つ二つなど、ほのかにうち光りて行くもをかし。雨など降るもをかし。

秋は夕暮れ。夕日のさして山の端いと近うなりたるに、からすの寝所へ行くとて、三つ四つ、二つ三つなど④飛び急ぐさへあはれなり。まいてかりなどの連ねたるが、いと小さく見ゆるは、⑤いとをかし。日入りはてて、風の音、虫の音など、⑥はた言ふべきにあらず。

冬はつとめて。雪の降りたるは言ふべきにもあらず、霜のいと白きも、また⑦さらでも、いと寒きに、火など急ぎおこして、炭持て渡るも、いとつきづきし。昼になりて、ぬるくゆるびもていけば、火をけの火も、白き灰がちになりてわろし。

〈「枕草子」第一段による〉

1 この文章の筆者の名前を漢字で書きなさい。

2 ①やうやう白くなりゆく山ぎは、少しあかりて とありますが、これを現代語訳した次の文の［　］A〜Cにあてはまる言葉をあとから選び、それぞれ記号で答えなさい。

［A］白くなっていく、［B］の山に接するあたりが少し［C］なって。

A〔ア やっと　イ よくよく　ウ しだいに〕
B〔ア 空　イ 日　ウ 水〕
C〔ア 赤く　イ 明るく　ウ 暑く〕

3 ②月の頃 と対照的な内容を表す言葉を、文章中から一字で抜き出しなさい。

4 ③飛びちがひたる のあとに省略されている言葉を文章中から一語で抜き出しなさい。

5 何が ④飛び急ぐ のですか。文章中から三字で抜き出しなさい。

6 ⑤いとをかし とありますが、ここではどんな様子を「をかし」と表していますか。現代語で答えなさい。

7 ⑥言ふべきにあらず と同じ内容を表す言葉を、「夏」の段落から抜き出しなさい。

8 ⑦さらでも の意味を次から一つ選び、記号で答えなさい。

ア 冬の早朝でなくても　イ 雪や霜がなくても
ウ とても寒くはなくても　エ 冬とは限らなくても

9 よくないものについて述べている一文を文章中から抜き出し、はじめの五字を書きなさい。

1	3	6	7
2 A	4		8
B			
C	5		9

第7回 予想問題 枕草子・徒然草（徒然草）

次の文章を読んで、問題に答えなさい。

解答 30ページ　15分　●10問中　問

①つれづれなるままに、②日暮らし硯に向かひて、心にうつりゆくよ③しなしごとを、④そこはかとなく書きつくれば、ⓑあやしうこそものぐるほしけれ。

〈「徒然草」序段による〉

1 「徒然草」は、どのような種類の作品ですか。漢字二字で書きなさい。

2 この文章の筆者の名前を漢字で書きなさい。

3 〰〰線ⓐ・ⓑを現代仮名遣いに直し、全て平仮名で書きなさい。

4 ①つれづれなるままに ②日暮らし ③よしなしごと の意味を、それぞれ次から一つずつ選び、記号で答えなさい。

①
ア 雑用をこなしているうちに
イ なすこともないままに
ウ 友達を待っているうちに
エ 忙しさに取り紛れるままに

②
ア 日がある間　イ 毎日のように
ウ 一日中　エ 日が暮れたら

③
ア たわいもないこと
イ よくないこと
ウ 忘れてはいけないこと
エ 伝えたいこと

5 ④そこはかとなく書きつくれば について答えなさい。

(1) 「そこはかとなく」の意味を書きなさい。

(2) 書きつけているとどのような気持ちになると述べていますか。次から一つ選び、記号で答えなさい。

ア もっと書きたいという欲が湧いてくる。
イ 書いたものが正しいかどうか不安になる。
ウ 書きたいことが多すぎて焦りを感じる。
エ あきれるほど気分がたかぶってくる。

6 この文章には何が書かれていますか。次から一つ選び、記号で答えなさい。

ア 「徒然草」を書くにあたっての周囲の反応。
イ 「徒然草」を書いたときの姿勢と心境。
ウ 「徒然草」を書いた目的と今後の展望。
エ 「徒然草」を書いたあとの反省と解説。

1		2	
3	ⓐ		ⓑ
4	①	②	③
5	(1)		(2)
6			

第8回 予想問題 平家物語

次の文章を読んで、問題に答えなさい。

解答 30ページ　15分　●8問中　問

熊谷涙を抑へて申しけるは、

「助けまゐらせんとは存じ候へども、味方の①軍兵雲霞のごとく候ふ。よも逃れさせたまはじ。人手にかけまゐらせんより、同じくは、②直実が手にかけまゐらせて、後の御孝養をこそつかまつり候はめ。」

と申しければ、

「ただ、③とくとく首を取れ。」

とぞのたまひける。

熊谷あまりにいとほしくて、④いづくに刀を立つべしともおぼえず、目もくれ心も消えはてて、前後不覚におぼえけれども、⑤さてしもあるべきことならねば、泣く泣く⑥首をぞかいてんげる。

「あはれ、弓矢取る身ほど口惜しかりけるものはなし。武芸の家に生まれずは、なにとて⑦かかる憂きめをば見るべき。情けなうも討ちたてまつるものかな。」

と⑧かきくどき、袖を顔に押し当ててさめざめとぞ泣きゐたる。


〈「平家物語」による〉

1 ①軍兵雲霞のごとく　は、何のどんな様子をたとえた表現ですか。

2 ②直実が手に　の「が」を現代語に直すと、どのような言葉になりますか。平仮名一字で答えなさい。

3 ③とくとく　を現代語に直しなさい。

4 ④いづくに刀を立つべしともおぼえず　とありますが、その理由にあたる部分を文章中から抜き出しなさい。

5 ⑤さてしもあるべきことならねば　は、「このままでいるわけにもいかないので」という意味ですが、なぜ、「このままでいるわけにもいかない」のですか。現代語で答えなさい。

6 ⑥首をぞかいてんげる　とありますが、熊谷が相手の首を切った理由を次から一つ選び、記号で答えなさい。

ア 若武者本人から「首を取れ」とせきたてられたから。

イ 助けられない以上、自ら手にかけ供養もしようと思ったから。

ウ 恐ろしい武者を前にして、気が動転してしまったから。

エ 身分の高い武将を倒したいという功名心がよみがえったから。

7 ⑦かかる憂きめ　とありますが、この場合はどのようなことを指していますか。現代語で答えなさい。

8 ⑧かきくどき　を現代語に直しなさい。

1	2	3	4	5	6	7	8

第9回 予想問題 漢詩の世界

次の漢詩を読んで、問題に答えなさい。

解答 31ページ　15分　●12問中　問

A　黄鶴楼にて孟浩然の広陵に之くを送る

故人西のかた黄鶴楼を辞し
煙花三月②揚州に下る
孤帆の遠影碧空に尽き
唯だ見る長江の天際に流るるを

①故人西辞黄鶴楼
煙花三月下ル揚州ニ
孤帆ノ遠影碧空ニ尽キ
唯ダ見ル長江ノ天際ニ流ルルヲ

B　春望

国破れて山河在り
城春にして草木深し
時に感じては花にも涙を濺ぎ
別れを③恨んでは鳥にも心を驚かす
烽火三月に連なり
[ ]
白頭掻けば更に短く
渾べて簪に勝へざらんと欲す

国破レテ山河在リ
城春ニシテ草木深シ
感ジテハ時ニ花ニモ濺ギ涙ヲ
恨ンデハ別レヲ鳥ニモ驚カス心ヲ
烽火連ナリ三月ニ
④家書抵ル万金ニ
白頭掻ケバ更ニ短ク
渾ベテ欲ス不ラント勝ヘ簪ニ

〈「漢詩の世界」による〉

1　A・Bそれぞれの漢詩の作者名を答えなさい。

2　A・Bそれぞれの漢詩の形式を漢字四字で答えなさい。

3　A・Bそれぞれの漢詩で押韻している字を全て抜き出し、順に書きなさい。

4　①故人西辞黄鶴楼に、書き下し文にそって送り仮名と返り点をつけなさい。

5　②揚州に下るとありますが、その際の移動手段がわかる言葉を漢詩の中から一語で抜き出しなさい。

6　③恨んではの意味を次から一つ選び、記号で答えなさい。

ア　情けなく思っては　イ　悲しく思っては
ウ　物足りなく思っては　エ　つまらなく思っては

7　[ ]には、④家書抵ル万金ニの書き下し文が入ります。その書き下し文を書きなさい。

8　A・Bそれぞれの漢詩でうたわれていることを次から一つずつ選び、記号で答えなさい。

ア　戦乱によるわが身の不遇。
イ　旅への尽きない憧れ。
ウ　友人との別離の悲しみ。
エ　過ぎ去る春への感傷。

1	A	B
2	A	B
3	A	B
4	故人西辞黄鶴楼	
5		
6		
7		
8	A	B

第10回 予想問題 小さな手袋

次の文章を読んで、問題に答えなさい。

解答 31ページ　15分　●3問中　問

十一月中旬、妻の父が二度めの脳卒中の発作を起こした。妻は、とりあえず単身、父親の病床へ駆けつけた。

私と娘は、妻からの知らせを待つことになった。いつでも、すぐに駆けつけることができるように準備していた。

その間、シホは遠慮がちに雑木林へ出かけた。そして、短い時間で帰ってきた。おばあさんからも「お大事に。」という伝言をもらってきた。

やがて、①私たちが列車に乗らなければならない日がやってきた。

シホにとっては、初めて体験する身内の不幸であった。幼いときから親しんだ祖父との別れは、小さな胸にも深い傷を刻んだようだ。いつもは活発な笑い声をたてている子が、大人のような暗い顔をしているのは痛々しかった。別れのための儀式が執り行われている間中、娘はうつむき続けた。

娘の中で、何かが変化したのを、私は目撃したように思った。実は祖父の死というものが、これほどの衝撃を九歳の子供に与えると は、私は予想もしなかったのである。

シホの変化は、そのまま雑木林のおばあさんとの交際にもつながった。東北から帰ってきてから、②シホはまるでおばあさんのことを忘れたように雑木林から遠のいた。

それがきわめて自然だったので、私も妻も顔を見合わせただけでひと言もふれなかった。おばあさんがシホを心待ちにしているだろうことは察せられた。

しかし、③私たちにはそのときの娘の心に立ち入ることはどうしてもできなかった。もしかしたら、シホはおばあさんのことを本当に忘れてしまったのかもしれない。そのような自然さだった。

〈内海隆一郎「小さな手袋」による〉

1 ①私たちが列車に乗らなければならない日がやってきた とは、どのようなことですか。

2 ②シホはまるでおばあさんの……雑木林から遠のいた とありますが、その理由を次から一つ選び、記号で答えなさい。

ア 祖父の死がシホに強いショックと変化をもたらしたから。
イ 本当はおばあさんのことがあまり好きではなかったから。
ウ 東北にいる間におばあさんのことを忘れてしまったから。
エ 「私」や妻のそばから離れるのが怖くなったから。

3 ③私たちには……できなかった とありますが、その理由を次から一つ選び、記号で答えなさい。

ア おばあさんのほうからシホに会いに来るだろうと思ったから。
イ シホにおばあさんを忘れさせるいい機会だと思ったから。
ウ シホの心境を尊重し、そっと見守ろうと思ったから。
エ 数日たてばまた自然におばあさんに会いに行くはずだから。

1	2
	3

第11回 予想問題　動物園でできること　次の文章を読んで、問題に答えなさい。

解答 31ページ　15分　●4問中　問

日本人はペンギン好きな国民といわれている。アニメや広告のキャラクターになったり、さまざまなグッズになったりする機会も多い。動物園でもペンギンの展示施設には多くの人が集まり、「かわいい」という声があちこちからあがる。しかし、彼らは、黙々と陸上を歩き、シャチやヒョウアザラシなどの天敵が待つ①海中に潜って狩りをするという、たくましさをもった野生動物なのだ。一回の潜水時間は約五分、潜る深さは二〇〇メートルを超えるという。

一般に、人々が動物に向かって「かわいい」という言葉を発するとき、その動物がたとえ大人であっても、どこか自分たち人間よりも幼いもの、か弱いものとして見ているところがあるように私には感じられる。②かわいいと思うことは決して悪いことではないし、私にもペンギンたちがかわいいと思えるときがある。けれども、そのすごさやたくましさを知ると、もはや、③「かわいい」という言葉だけでは、彼らに対して申しわけない気持ちになるのだ。

自然の中で暮らすペンギンのたくましい姿にも思いをよせてほしいという願いから、なんの脚色もせず、ただ彼らが歩く姿を見てもらう散歩を行っている。また、そのたくましさを感じ取ってもらうための一つのお手伝いとして、散歩前に彼らの野生下の様子を解説する時間を私は設けていた。「ペンギンの散歩」には、たくさんの来園者が集まるので、どうしても解説が演説のようになってしまうのがもどかしかったが、④そうしたペンギンたちの姿を、毎年多くの人が楽しみにしてくれている。〈奥山英登（おくやまひでと）「動物園でできること」による〉

1 ①海中に潜って とありますが、この行動を具体的に説明している部分を文章中から二十五字以上三十字以内で抜き出し、はじめと終わりの五字を書きなさい。

2 ②かわいい という言葉を人々が動物に向かって言うとき、そこにどのような見方があると筆者は感じていますか。文章中から五十字以上五十五字以内で抜き出し、はじめと終わりの五字を書きなさい。

3 ③「かわいい」という言葉だけでは、彼らに対して申しわけない気持ちになる と筆者が思う理由として適切なものを次から一つ選び、記号で答えなさい。

ア 大人のペンギンに対してかわいいというのは失礼だから。
イ ペンギンには野生動物のすごさやたくましさがあるから。
ウ 動物園がペンギンの魅力をうまく引き出せていないから。
エ 日本人がペンギンのたくましさをまったく知らないから。

4 ④そうしたペンギンたちの姿 を知ってもらうために、動物園では「ペンギンの散歩」で、ペンギンのどのような姿を見せていますか。

1	2	3
〜	〜	
		4

第12回 予想問題 走れメロス

次の文章を読んで、問題に答えなさい。

解答 31ページ　15分　●7問中　問

ふと耳に、潺々(せんせん)、水の流れる音が聞こえた。そっと頭をもたげ、息をのんで耳を澄ました。すぐ足もとで、水が流れているらしい。よろよろ起き上がって、見ると、岩の裂(さ)けめから滾々(こんこん)と、なにか小さくささやきながら清水が湧(わ)き出ているのである。その泉に吸い込まれるようにメロスは身をかがめた。水を両手ですくって、ひと口飲んだ。ほうと長いため息が出て、夢から覚めたような気がした。歩ける。行こう。肉体の疲労回復とともに、①僅(わず)かながら希望が生まれた。義務遂行の希望である。わが身を殺して、名誉を守る希望である。②斜陽は赤い光を、木々の葉に投じ、葉も枝も燃えるばかりに輝いている。日没までには、まだ間がある。私を、待っている人があるのだ。少しも疑わず、静かに期待してくれている人があるのだ。私は、信じられている。私の命なぞは、問題ではない。死んでおわび、などと気のいいことは言っておられぬ。私は、信頼に報いなければならぬ。③今はただその一事だ。走れ！　メロス。

私は信頼されている。私は信頼されている。先刻の、あの悪魔のささやきは、あれは夢だ。悪い夢だ。忘れてしまえ。五臓が疲れているときは、ふいとあんな悪い夢を見るものだ。メロス、おまえの恥ではない。やはり、おまえは真の勇者だ。④再び立って走れるようになったではないか。ありがたい！　私は⑤正義の士として死ぬことができるぞ。ああ、日が沈む。ずんずん沈む。待ってくれ、ゼウスよ。私は生まれたときから正直な男であった。正直な男のままにして死なせてください。

〈太宰(だざい)治(おさむ)「走れメロス」による〉

1 ①僅かながら希望が生まれた　とありますが、どのような希望が生まれたのですか。文章中から二つ抜き出しなさい。

2 ②斜陽は……輝いている。という情景描写から読み取れるメロスの気持ちを次から一つ選び、記号で答えなさい。

ア 刻々と過ぎ去る時間に対してのあせり。
イ 友を裏切ろうとしたことに対する自己嫌悪(けんお)。
ウ 目にも鮮やかな美しい景色に対する感動。
エ 希望に向かって突き進もうとする意欲。

3 ③今はただその一事だ。とありますが、「その一事」とは、どのようなことを指していますか。

4 ④再び立って走れるようになった　のは、どのようなことがきっかけになったのですか。十字以内で書きなさい。

5 ⑤正義の士　とほぼ同じ意味で使われている言葉を文章中から二つ抜き出しなさい。

1	2	3	4	5

第13回 予想問題　ポテト・スープが大好きな猫

次の文章を読んで、問題に答えなさい。

おじいさんは猫に魚のお礼を言いました。①でも猫には、おじいさんに魚をあげたつもりなんて、全然ありません。でもな、おまえ、魚もねずみも、べつに捕まえなくたっていいんだよ、とおじいさんは猫に言いました。おまえは今のおまえのままでいいんだからさ。そして、確かにちょいと痩せっぽちだけどな、とつけ加えました。

猫は知らん顔をしていました。

おじいさんはその夜、②口笛を吹きながら、またポテト・スープを作りました。猫は電気毛布の上に横になり、ごろごろと喉を鳴らしていました。

おじいさんはそんな猫の姿を目にしてほっとしました。③今では、そんな気持ちがはっきりと目に見えます。でも猫は、まだ機嫌が戻らないみたいで、おじいさんと一緒の毛布では寝てくれません。

それでも夜が更けて、空に銀色の月が浮かぶ頃には、ふたりはまた、すっかり仲よしになっていました。

〈テリー＝ファリッシュ　村上春樹訳「ポテト・スープが大好きな猫」による〉

1 ①でも猫には、……全然ありません。とありますが、このときの猫の気持ちを説明した次の文の□にあてはまる言葉を、考えて書きなさい。

この魚をおじいさんにあげたつもりはないから、□。

2 ②口笛を……作りました　とありますが、ここから読み取れるおじいさんの気持ちを次から一つ選び、記号で答えなさい。

ア　猫が戻ってきたことがうれしく、晴れやかな気持ち。
イ　猫のおかげで魚が手に入って満ち足りた気持ち。
ウ　楽しげに振る舞うことで猫の機嫌を取りたい気持ち。
エ　猫が役に立つので大事にしようと張り切る気持ち。

3 ③今では、……目に見えます。について答えなさい。

(1) 以前と比べておじいさんの猫に対する対応はどうなったのですか。

(2) (1)のようになったのはなぜですか。次から一つ選び、記号で答えなさい。

ア　猫が思ったよりも役に立つということがわかったから。
イ　強がる猫がかわいそうで、いたわりたくなったから。
ウ　一度猫を失ってみて、その大切さがよくわかったから。
エ　年をとったことを実感し、一人だと寂しくなったから。

1	2	3
		(1)
		(2)

第14回 予想問題 むさぼり

次の文章を読んで、問題に答えなさい。

解答 32ページ　15分　●4問中　問

「私は大声をあげて近習(きんじゅう)たちを呼びたてた。彼らにもこの饗宴(きょうえん)にあずからせようと思ったからだ。しかし部屋に入ってきた者は①きょとんとしている。無論テーブルの上にはもう何もないのだ。私は手を振って近習たちを退かせた。私は恥ずかしくて、彼らに、②私の見たものの話をすることはできなかった。ところがそののち、夜になると、必ず豪勢な饗宴が私のテーブルの上に繰(く)り広げられる。私は肩肉にかぶりつく。鶏の丸焼きを骨までしゃぶる。ぶどう酒はごくごく喉を鳴らして飲む。そのあげく、腹はくちくなり、酔(よ)いも手伝って眠(ねむ)くなる。なんと援軍が来て、とりでが救い出されるまで、私はこうして毎晩のようにたらふく食べていたのだ。しかし二度と他の者はよばなかった。よべば、せっかくの饗宴が煙のように消えるのではないかと恐れたからだ。」

廷臣(ていしん)たちは暖炉(だんろ)の火に照らされた公の顔を無言で眺めた。

「これでおわかりだろう。私はただ一人で肉でも魚でもむさぼり食べていた。③むさぼる——それが私の本当の姿だった。しかし誰もそう思わなかった。そう見えなかった。だが、私にはわかっていたのだ、④自分の本当の姿がどんなものであるかということが。」

〈辻(つじ)邦生(くにお)「むさぼり」による〉

1 ①きょとんとしている　とありますが、このとき、近習たちはどんな様子でしたか。次から一つ選び、記号で答えなさい。

ア 慌てる様子。　イ あきれる様子。

ウ 当惑する様子。　エ おびえる様子。

2 ②私の見たものの話　とありますが、何を見たのですか。文章中から二字で抜き出しなさい。

3 ③むさぼる　とありますが、その様子が具体的に描かれている連続する三文を文章中から抜き出し、一文めのはじめの五字を書きなさい。

4 ④自分の本当の姿がどんなものであるか　とありますが、モンテフェルトロ公は自分は本当はどんな人物だとわかったのですか。次から一つ選び、記号で答えなさい。

ア 食べ物には興味がないようなふりをしながら、実はごちそうには目がない人物。

イ 他の者には内緒で自分だけごちそうを独り占めするような、あさましい人物。

ウ 部下が空腹に苦しんでいることに心を痛めるあまり、自暴自棄になってしまうような人物。

エ いつか自分勝手な行動がばれてしまうのではないかと、びくびくしている気の弱い人物。

1	2	3	4

第15回 予想問題 那須与一──「平家物語」より

次の文章を読んで、問題に答えなさい。 解答 32ページ 15分 ●5問中 問

あまりのおもしろさに、感に堪へざるにやとおぼしくて、舟の内より、①年五十ばかりなる男の、黒革をどしの鎧着て、白柄の長刀持つたるが、扇立てたりけるところに立つて舞ひしめたり。伊勢三郎義盛、与一が後ろへ歩ませ寄つて、

②「御定ぞ、つかまつれ。」

と言ひければ、今度は中差取つてうちくはせ、よつぴいて、しや頸の骨をひやうふつと射て、舟底へ逆さまに射倒す。平家の方には音もせず、源氏の方にはまたえびらをたたいてどよめきけり。

「あ、射たり。」

と言ふ人もあり、また、

③「情けなし。」

と言ふ者もあり。

〈「那須与一──『平家物語』より」による〉

1 ①年五十ばかりなる男 について答えなさい。

(1) 男は、どのような格好をしていましたか。

(2) 男は、なぜ舞を舞ったのですか。

2 ②「御定ぞ、つかまつれ。」について答えなさい。

(1) 誰が誰に言った言葉ですか。文章中の言葉を使って答えなさい。

(2) どのような命令を伝えたのか、命令の内容を具体的に答えなさい。

3 ③情けなし。とありますが、どのようなことに対して言っていますか。次から一つ選び、記号で答えなさい。

ア 与一は扇の的をねらったのに、舞を舞っている男のほうに矢を当ててしまったこと。

イ 味方の男が殺されたのに、平家方は静まりかえるだけで誰も助けようとしなかったこと。

ウ 男は与一の腕前に感心して舞を舞ったのに、それを冷酷に射殺してしまったこと。

エ 舞を舞った男が殺されたのに、源氏方がどっと歓声をあげたこと。

1		2		3
(1)	(2)	(1)	(2)	

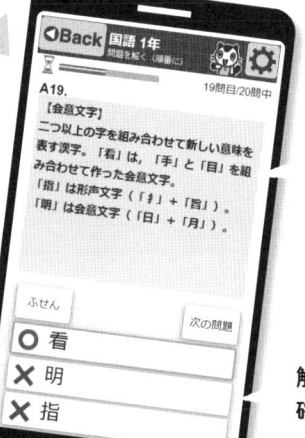

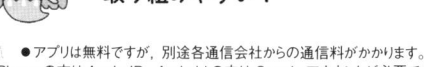

中学教科書ワーク 解答と解説 国語2年 三省堂版

この「解答と解説」は、**取りはずして**使えます。

名づけられた葉

2〜3ページ ステージ1

教科書の要点

❶〔順に〕イ・イ

❷①（ポプラの）葉　②小さな手　③いちまいの葉

❸①同じ　②わたしだけ　③まねでもない

おさえよう〔順に〕イ・ア

☆基本問題

1 ウ

2 例生き方・例生の終わらせ方（別解死に方）〔順不同〕

3 例どんな困難があろうとも、（自分の頭で考え、）せいいっぱい生きていこうという気持ち。

☆解説

1 **重要**「わたし」も「ポプラの葉」と同じで、「いちまいの葉」「おさない葉っぱ」つまり、小さな存在にすぎないというのである。

2 「葉脈の走らせ方」「刻みのいれ方」は生き方、「うつくしく散る法」は生の終わらせ方を、それぞれ「葉」の姿にたとえたものである。

3 **記述対策**

- **考え方**…葉はつよい「風」に吹きつけられたら落ちてしまうかもしれない。それほどの困難を表している。
- **書き方**…「困難」「せいいっぱい生きる」などの言葉を使ってまとめる。

セミロングホームルーム

4〜5ページ ステージ1

漢字と言葉

❶ ❶みょう　❷ぬ・がら　❸しんけん　❹だいばくしょう　❺へいさ

❷ ❶真剣　❷閉鎖　❸爆笑　❹妙　❺殻

❸ ❶イ　❷エ　❸ア　❹ウ

教科書の要点

❶①ロングホームルーム　②ⓐ私（竹内）　ⓑ隣　ⓒ前

❷〔右から順に〕3・2・5・1・4・6

❸①左肩（別解肩・背中）　②セミ　③ネタ　④無口　⑤セミ　⑥騒ぎ出す　⑦真剣　⑧繊細　⑨息　⑩ため息　⑪握手　⑫ありがとう

おさえよう〔順に〕ア・イ

6〜7ページ ステージ2

☆

1 (1) 例瀬尾くんの背中に止まっているセミの種類。
(2) 例トリノは小六の夏休みの自由研究でセミについて熱心に調べていたから。

2 例結果よりも経過が大切だということ。

3 ウ

4 デリケートな

5 A悲鳴をあげ　Bみんなが騒ぎ出す

6 うまくこの場を切り抜ける方法

✪解説

1 (2)

記述対策

- **考え方**…――線①のあとに、トリノが小六の夏休みに、「セミの一生」というタイトルで自由研究をして、セミの体のつくりから抜け殻の見つけ方まで、熱心に調べていたとある。
- **書き方**…設問文に「簡潔に書きなさい。」とあるので、「トリノは小六の夏休みの自由研究でセミについて熱心に調べていた」、あるいは、更にまとめて「トリノは以前セミについて熱心に調べていた」という内容を書く。文末は、理由を表す「から。」などでまとめる。

3 どういう成り行きで「瀬尾(せお)くんの背中にセミ」という現在の結果に至ったのかということ。つまり、どこでどのようにして瀬尾くんの背中にセミがついたのか、ということである。これに最も近いのはウ。アは、セミに目的があるかのような内容なので不適。イは、瀬尾くんが気づくか気づかないかということは「経過」とは関係がないので不適。エは、瀬尾くんがわざとセミをつけて教室まで連れてきたという内容なので不適。

5 **重要** ――線⑤のあとに注目する。セミが「突然ミーンミーンと鳴き始めたら、デリケートな瀬尾くんは、驚いてあられもない悲鳴(=妙な声)をあげてしまうかも」しれず、そうしたら、「みんなが騒(さわ)ぎ出すにちがいない」と「私」は予想したのである。

8～9ページ ステージ3

✪
1 エ
2 やりましたよ、黒岩先生。
3 ざわめき
4 例瀬尾くん本人にもクラスのみんなにも気づかれずに、瀬尾くんの背中に止まっていたセミを逃がした。
5 A例気づいていない　B例気づいていた
6 エ
7 ウ

✪解説

1 **重要** ――線①の直前の内容を捉える。「これが本当のセミロングホームルーム。」とあるが、「セミ」は「セミファイナル」「セミプロ」などのように、名詞の上について〝それに次ぐ、それに近い、準～〟という意味を表す。「ロングホームルームはいつも時間が余ってしまう。全然ロングじゃない。」と言っていることと対応する。更にこの「セミ」は、今回の事件の発端(ほったん)となった昆虫の「蝉(せみ)」を掛けたしゃれになっている。このしゃれをくだらないと思ったから「私」は「ばかばかしい考え」と言っているのである。

4 記述対策

- **考え方**…前のトリノの行動を捉える。黒岩先生が教室の前に戻ったあと、「ついにトリノが動いた」のである。トリノは、瀬尾(せお)くんにもクラスのみんなにも気づかれないように、窓を静かに開け始め、そして「音をたてないように立ち上がり、瀬尾くんの左肩のセミを「そっとつまん」で、「光の速さで外に放り投げた」のである。
- **書き方**…他の人に気づかれないようにそっと行動している、セミを外に放り投げる(逃がす)、の二点をまとめる。

5 瀬尾くんの背中に止まっていたセミを逃がしたトリノに対し、瀬尾くんが「ありがとう」と言ったことに、「私」とトリノは非常に驚いたのである。なぜ二人が驚いたのかを考える。二人は、セミが背中に止まっていることに瀬尾くんが気づいていないと考え、瀬尾くんに気づかれないようにと細心の注意を払(はら)ってセミを逃がそうとし、そうすることができたと満足していたのである。

6 「妙な注意の仕方」とは、授業中に立っているトリノに対して、黒岩先生が「座っていいぞ、鳥野。」と言ったことを指す。なぜ、黒岩先生は、「座りなさい」などと注意をするのではなく、「座っていいぞ」と許可を与(あた)えるように言ったのかを、これまでのできごとの流れに着目して考える。〝黒岩先生は、咳払(せきばら)いをしながら教室の前に戻っていった（「頼んだぞ。」と言われた気がした）↓ついにトリノが動いた↓セミをつまみ、外に放り投げた〟、という流れをふまえると、先生の頼みを受けて、トリノが動き、セミを逃がしたことがわかる。ここから「座っていいぞ」には、「自分の頼みを成し遂げてくれたから、もう座っていいぞ」という先生の思いが読み取れる。この点を捉えたエが正解。

7　トリノが瀬尾くんの背中のセミを教室の外に逃がす行動からウが読み取れる。アの「どのような状況下でも失敗を恐れない」という内容は読み取れないので不適。イは、「無鉄砲」の部分が不適。エの「成功が確信でき」たからトリノが動いたということは文章からは読み取れないので、不適。

10〜11ページ　言葉発見①　敬語の意味と種類　ステージ1

基本問題

1　①聞き手　②高める　③へりくだった　④美化語
2　①です　②守りましょう
3　①ご出席になる　②来られる　③いらっしゃる
4　①お読みする　②うかがう　③いただく
5　①イ　②ウ　③ア　④ウ　⑤ア　⑥イ　⑦イ　⑧イ　⑨ウ
6　①ウ　②ウ　③エ
7　①例空いていますか　②○　③例拝見しました
8　①例私が先生に明日の予定を申しあげる。
②例先生が明日の予定をおっしゃる。
③例先生がお弁当をめし上がる。
④例お客さまがくださったお菓子をいただく。

解説

基本問題

5　②話を聞く、④書類を渡すのは自分の動作、⑨言ったのは身内の父の動作なので、いずれも謙譲語である。

7　③「ご覧になる」は「見る」の尊敬語。写真を見たのは「私」＝話し手なので、謙譲語にする。

12〜13ページ　グループディスカッション　ほか　ステージ1

漢字

1　❶たんれん　❷くぶくりん　❸きゅうけい　❹ねんざ　❺ちゆ　❻きょうせい　❼しんせき　❽なえぎ　❾あいぞ　❿きんちゃく　⓫そうじ　⓬へいこう　⓭うつわ　⓮つい　⓯こぜに　⓰ちゅうさい
2　❶懐中　❷渋　❸回顧　❹開拓　❺克服　❻臆病　❼踏　❽控

教科書の要点

1　①エ　②イ　③ア　④ウ

基本問題

1　(1)例自然環境より食文化のほうがいい。
(2)例食文化のほうが、日本らしさが伝わりやすいから。
2　①ウ　②ア　③イ
3　エ

解説

2　重要　——線①は「それって、……だよね。」と、前の人の発言を詳しく言い換えている。つまり、前の人の考えをわかりやすく説明している。——線②は「でも、……」と逆接の接続語を用いて、前の人の考えに対して反対意見を述べている。これによって聞き手は反対意見について考えることになり、話し合いが深まる。——線③は「……はわかるよ。」という言い方で、前の人の考えを受け入れていることを示している。前の人のどのような考えを受け入れたのかを明確にしたうえで、話し合いを前に進めている。

3 前の小川（おがわ）さんの発言内容を、「食文化の場合は、準備が大変だってことだね」とまとめているので、「つまり」があてはまる。

じゃんけんは、なぜグー・チョキ・パーの三種類なのか

14～15ページ ステージ1

漢字
1 ❶さぐ
2 ❶探

教科書の要点
❶ グー・チョキ・パー〔順不同〕・〔順に〕チョキ・パー・グー
❷ 〔順に〕あいこ・役に立たない・関係・不公平・三
❸ 〔順に〕単純・平等（別解 公平）・文句
❹ ①公平 ②全ての手 ③二 ④あいこ ⑤役に立たない ⑥四 ⑦関係 ⑧不公平 ⑨三 ⑩単純 ⑪勝つチャンス ⑫文句

おさえよう 〔順に〕イ・ア

16～17ページ ステージ2

1 全ての手が平等に勝ったり、負けたりするという関係である
2 例じゃんけんを二種類の手で行う場合。
3 例勝つ・例いつまでも決着がつかない
4 例パーとグー、チョキとピンの関係がわからないので、じゃんけんは成立しない。
5 A不公平 B意味
6 じゃんけんは、たった
7 イ

解説

3 この段落に着目する。「例えばグーとパーだけなら」と、「グーとパー」の二種類でじゃんけんを行う場合を例にあげて説明している。〝グーとパーだけでじゃんけんをする→誰もが勝つためにパーを出し、グーは出さない→あいこばかりになる→いつまでたっても決着がつかない〟という説明の流れをおさえる。

4 記述対策
・考え方…直後の段落に着目する。「しかし、これだけでは、じゃんけんにはなりません。パーとグーとの関係、チョキとピンとの関係がわからないからです。」と、図2に示されたルールでは、じゃんけんは成り立たないことと、その理由が述べられている。
・書き方…パーとグー、チョキとピンの関係がわからない、じゃんけんは成り立たない、の二点をまとめる。

5 重要 次の段落で、「チョキとパーは二つの相手に勝って一つの相手に負ける」のに対して「グーとピンは一つの相手に勝って二つの相手に負ける」という結果を不公平といっている。更に、次の段落では、ピンを出す意味がないことを説明している。

7 この文章の展開は次のようである。
・問題提起＝｛じゃんけんは三種類でなければならないのか。／他の種類では成り立たないのか。｝
・段階的な問い＝二種類だとどうか。
（例） グーとパーだけでじゃんけんをする場合。
（答え） 二種類のじゃんけんでは、物事を決めるための手段としては役に立たない。
・段階的な問い＝四種類だとどうか。
（例） 四種類めとして「ピン」を考える。
（答え） 不公平になってしまう。
三種類のじゃんけんと同じことになる。
・結論＝じゃんけんは、単純なルールでありながら、誰にも文句のつけようがないしくみである。
はじめに文章全体を通しての問題を提示し、次にそれを解明するために段階的な問いを示しながら、具体例をあげて説明し、最

後に結論を述べるという展開になっている。よって、イが正解。

人間は他の星に住むことができるのか

18〜19ページ　ステージ1

漢字と言葉

1 ❶めぐ ❷おせん ❸しょくりょう ❹ふんか ❺ゆいいつ ❻しまい ❼やわ ❽えいきょう ❾たいせき ❿とうど ⓫と ⓬ひ

2 ❶洪水 ❷奇跡 ❸撮影 ❹到達 ❺埋 ❻眠

3 ❶イ ❷ウ ❸ア

教科書の要点

1 〔順に〕距離・質量・生命

2 イ・ウ〔順不同〕

3 かけがえのない・大切

4 ①生命 ②到達 ③姉妹 ④二酸化炭素 ⑤温室 ⑥表面温度 ⑦氷（別解永久凍土） ⑧空気 ⑨かけがえ ⑩第二

おさえよう 〔順に〕イ・ア

20〜21ページ　ステージ2

1 大気・重力〔順不同〕

2 (1) 熱を逃さない毛布

(2) 例（大気がないと、）その星の温度が急激に上下して、安定しない。

3 例月には水も大気もほとんどなく、重力も地球の六分の一程度しかないという点。

4 ウ・オ〔順不同〕

5 A二酸化炭素　B温室効果　C蒸発

6 しかし、水〜なります。　7 エ

解説

3 記述対策

・考え方…この段落の冒頭で「月には水も大気もほとんど」ないこと、最後で「重力も地球の六分の一程度しか」ないことが述べられている。その他は、生きていける環境に必要な「水」と「大気」の役割の説明なので除外してよい。

・書き方…月の「水」＋「大気」＋「重力」の三点についてまとめる。

7 重要 ア「金星は……水星と比べると」が、文章中では金星と水星を比較してはいないので誤り。イ「地球から……移住の可能性がある」が本文の内容と異なる。ウ「水星は……太陽に最も近いということのほうが問題」が本文の内容と異なる。

22〜23ページ　ステージ3

1 人体にとっ〜らげること

2 例火星の一日の長さが地球の一日に近いから。

3 ・例（火星の表面に）川の流れによって深くえぐれたと思われる部分や、その堆積物がありそうなこと。

・例（火星の）高原地帯に「チャネル」と呼ばれる曲がりくねった地形がたくさんあること。

4 「チャネル」と呼ばれる曲がりくねった地形〔順不同〕

5 (1) 例形の細長い岩が同じ方向を向いているという発見。

(2) 火星にもかつて海や湖があったこと

6 ウ　7 イ

解説

2 人間は「体内時計」によって一日のリズムが調節されていることをふまえる。火星と地球の一日の長さが近いと、一日のリズムもほぼ同じですむと考えられる。

6 直前の「それで」という接続語に注目して、火星が太陽から遠く、表面温度が非常に低い、ということから考える。

7 重要 火星の利点は、①地球との距離が近いこと、②薄いが大気があること、③重力が地球の四割程度であること、④一日の長さが地球とほぼ同じであること、⑤水が地下に氷として存在していること、の五点。これに合致（がっち）するイが正解。

手紙・メール／言葉発見② ほか

24～25ページ ステージ1

漢字と言葉

1 ❶けいやく ❷せんぷうき ❸こうせい ❹かこく ❺りゅうき ❻しょうそう ❼ちゅうすう ❽もうてん ❾さくじょ ❿ひよく ⓫おごそ ⓬じょう

2 ❶該当 ❷過剰 ❸倹約 ❹進呈

3 イ

教科書の要点

1 ①時候 ②趣旨 ③健康 ④草々 ⑤宛名

★基本問題

1 ウ

2 例1 どうぞ皆様でご来校ください 例2 皆様でおこしください

3 敬具

4 イ

5 ウ

★解説

1 ウは「雨」「あじさいの花」とあるので、梅雨（つゆ）どきにふさわしい時候の挨拶。問題では、六月中旬に出される手紙の時候の挨拶が問われているので、ウが正解。

2 「来てほしい」という気持ちを、心をこめて丁寧に表現する。「おこしください」など、尊敬語を正しく使って書くようにする。

3 この手紙の頭語は「拝啓」なので、結語は「敬具」とする。「頭語」を「前略」とした場合は、結語を「草々」とする。

4 **重要** 後付けでは、まず日付を本文より二～三文字下げて書く。次に、自分の姓名などを、行末をそろえて書く。最後に、宛名を本文と同じ高さから書く。

5 手紙は、普段使っている話し言葉ではなく、丁寧な書き言葉を使って書く。

短歌の世界／短歌十首

26～27ページ ステージ1

漢字

1 ❶こい ❷とうこうらん ❸めずら ❹みが ❺まほう ❻じょうきょう ❼しぼ ❽く・かえ

2 ❶状況 ❷投稿欄 ❸魔法 ❹皆 ❺絞 ❻磨

教科書の要点

1 ①五 ②七 ③五 ④七 ⑤七 ⑥三十一 ⑦字余り ⑧字足らず ⑨句切れ

2 ①比喩 ②体言止め ③反復 ④対句

3 ①温かくなる ②一日 ③一生 ④針 ⑤黒髪 ⑥母 ⑦一目 ⑧色鉛筆 ⑨白鳥 ⑩空 ⑪葛の花 ⑫向日葵 ⑬シャボン ⑭顕微鏡

おさえよう 〔順に〕イ・ア

28～29ページ ステージ2

★

1 短いこと・リズムがあること〔順不同〕

2 例言葉を厳しく選び、磨くこと。 3 五七五七七

4 恋の歌と受

5 例声をかけ合う相手がいることで心が温かくなるという思い。

6 (1) 二句切れ (2) 君には一日・我には一生〔順不同〕 (3) イ

7 エ

解説

4 「……人も多くいますが、ある人は……、ある人は……」とある。

5 記述対策
・**考え方**…この短歌のあとに「寒いねと声をかけ合う人がいることで心が温かくなる」とあることに着目する。
・**書き方**…「声をかけ合う人がいる」「心が温かくなる」の二点をまとめる。

6 (3) 二人が乗っている観覧車のゴンドラが下に着くまでは二人だけの時間である。「回れよ回れ」には、その時間がいつまでも続くようにというせつない願いがこめられている。

7 重要 「温度差」とは、「君」と「我」の心の「温度差」である。二人は一緒に遊園地にいて、同じものに乗っているのに、相手に対する想(おも)いの強さは違っているというのである。

30～31ページ ステージ3

1 (1) F (2) G (3) C **2** B・H 〔順不同〕

3 ・例薔薇の芽の針がかたくない様子。
・例春雨がやさしく降っている様子。 〔順不同〕

4 青春

5 例母が生きているうちにどうしても会いたいという思い。

6 例草わかばの緑（色）・例色鉛筆の粉の赤（色） 〔順不同〕

7 イ **8** 二 **9** ウ **10** イ **11** エ **12** 三

13 ①E ②D ③B ④C ⑤F ⑥H ⑦A ⑧G

解説

3 記述対策
・**考え方**…「やはらか」には、「かたくない」、「おだやか（やさしい）」という意味がある。
・**書き方**…「薔薇(ばら)の芽の針（トゲ）」がかたくない様子と、「春雨」がやさしく降っている様子の二点をまとめる。

5 記述対策
・**考え方**…急がないと「母のいのち」に会えなくなるのだから、母親が死にそうなのだとわかる。
・**書き方**…「母が生きているうち」「一目会いたい」の二点をまとめる。「母の死に目に会いたい」などとまとめてもよい。

7 「ちるがいとしく」にこめられた感傷をおさえる。寝そべると、心ひかれる色鉛筆の粉が散るさまを間近に見られるのである。

10 多感な少年の心にあるさまざまな夢や希望が空に吸い込まれるように感じられ、それらを大空に託すことにしたのである。

13 重要 ⑤「若い頃」をなつかしんでいるのは「十五の心」を詠(よ)んだF。⑦流れるようなリズムがあるのは「の」を重ねたAとB。どちらも、「みずみずしい生命感」が感じられるが、Bには植物は出てこないので、これはA。

文法の窓1 用言の活用

32～33ページ ステージ1

教科書の要点

1 ①活用 ②未然形 ③連用形 ④仮定形

2 ①ウ段 ②い ③だ ④です 〔③・④は順不同〕

3 (1) ①五段 ②上一段 ③エ ④来る ⑤サ行変格
(2) ①か ②き ③く ④け ⑤け ⑥き ⑦べれ ⑧き ⑨し ⑩しろ

4 ①く ②けれ ③に ④な ⑤なら ⑥でし

5 (1) 補う (2) ①下一段 ②自動詞 ③他動詞

基本問題

1 ①イ・ウ・キ ②ア・オ・ク ③エ・カ 〔それぞれ順不同〕

2 ①ウ ②ア ③オ ④エ ⑤ア ⑥イ ⑦ウ ⑧イ

3 ①寒い ②楽しい ③元気だ ④正確だ

34～35ページ ステージ2

1 ①温かい・懸命に・応え
②おもしろけれ・読み・思っ・読ま ③する・忘れ・い
④広い・見・いる・おだやかな・なっ 〔それぞれ順不同〕

❷ (1) ①書か ②書き ③書け ④書い
(2) ①教え ②教えれ ③教え ④教えろ（教えよ）
(3) ①楽しかっ ②楽しい ③楽しく ④楽しけれ
(4) ①静かだろ ②静かに ③静かなら ④静かだっ

❸ ①A五段活用 B未然形 ②A上一段活用 B仮定形
③A下一段活用 B連用形 ④Aサ行変格活用 B終止形

❹ ①ア ②イ ③ア ④イ

❺ ①弾ける・弾く ②泳げ・泳ぐ
③勝てる・勝つ ④飛べ・飛ぶ

❻ ①イ ②ア ③ア ④イ ⑤イ ⑥ア ⑦ア ⑧イ

❸解説

重要 ①「聞かない」、②「起きない」、③「集めない」だから、それぞれ①五段活用、②上一段活用、③下一段活用とわかる。④は「感動する」で一語。サ行変格活用。

❹ 本来の意味で用いられているかどうかに着目する。

❺「～することができる」と言いかえられるかどうか考える。①は「弾く」ことができる、②は「泳ぐ」ことができる、③は「勝つ」ことができる、④は「飛ぶ」ことができる、と言いかえられる。

❻ 他動詞は、はたらきかける対象が「～を」などの形で前にくる。④は「車を→止める」という関係。

壁に残された伝言　ほか

36～37ページ　ステージ1

漢字と言葉

❶ ①じごく ②ひばく ③ほのお ④ろうか ⑤はろう ⑥わんきょく ⑦しっそう ⑧いしゅく ⑨じょくん ⑩わいろ ⑪せつな ⑫ばくろ

❷ ①間隔 ②勧告 ③一致 ④痕跡 ⑤剝 ⑥払

❸ ①イ ②ウ ③ア

教科書の要点

❶〔順に〕原爆（別解 原子爆弾）・壁・チョーク（別解 文字）

❷ イ

❸ 証人

❹ ①地獄 ②白黒逆転 ③チョーク（別解 文字） ④煤（別解 伝言）
⑤風化 ⑥証人 ⑦無限の連鎖

おさえよう〔順に〕イ・ア・イ

38～39ページ　ステージ2

1 例（広島に）原爆が落とされた日のことを想像すること。

2「あの日」をたどる取材

3 (1) 例 階段近くの壁の下。 (2) イ
(3) ある人の連絡先

4「字の痕跡」としかいえないようなもの

5 エ　6 階段近くの壁一面に書かれた伝言

7 ・例 小学校の校舎の、伝言の上の壁が剝がれたこと。
・例 壁に書かれていた伝言の写真が撮られていたこと。
・例 伝言が写っている写真を多くの人が知っていたこと。〔順不同〕

解説

2「そのような中」の指す内容を前の部分から捉える。

3 (3) 最後から二つめの段落に、「確かにそれは、ある人の連絡先として記した『東鑵寮内（とうかん）』の一部だった。」とある。

5「知っていた」「写されていた」→（だから）→「……と思った」とつながる。

7 記述対策
・**考え方**…直前の「もし壁が剝がれなかったら。もし写真が撮られていなかったら。……みんなが知るものでなかったら。」に着目する。
・**書き方**…本文中の「もし～たら」という仮定を、実際にどのような「偶然（ぐうぜん）」があったのかという形にしてまとめる。

40〜41ページ ステージ3

1 A臨時の救護所　B行方知れずの人の消息
2 ・例伝言が、凹凸の少ない、真っ黒なコンクリートの壁面を黒板代わりにして、白いチョークで書かれたこと。
・例チョークの伝言がある期間放置されたこと。〔順不同〕
3 例書いた人の気持ちを考えれば、消してしまうには忍びなかったのかもしれない。
4 チョークの〜質するから（するからだ）
5 例1こびりついたチョークをそのまま残して、壁の煤を洗い流し、上から壁を白く塗り直した。
例2壁の煤は洗い流し、こびりついたチョークはそぎ落とさず、上から壁を白く塗り直した。
6 イ（↓）オ（↓）エ（↓）ア（↓）カ（↓）ウ

解説

5 記述対策
・考え方…——線⑤を含む段落を確認。当時の壁の塗り直しの際の事情である、①こびりついたチョークをそぎ落とすには手間がかかる。②ついているチョークは目立たない。③塗り直しにもほとんど支障がない。の三点から、「こびりついたチョーク」が「壁に残った」ことを導き出す。
・書き方…ふつうの補修のように「煤(すす)を洗い流し」たこと、チョークを落とさずに上から「塗り直し」たことをまとめる。

6 重要 壁が剝がれて黒い文字が現れたのは、壁にくっついていた白いチョークも剝がれ、チョークの下の煤が現れたからである。

一〇〇年後の水を守る／言葉発見③

42〜43ページ ステージ1

漢字と言葉

1 ❶じゅんかん　❷いっきん　❸にわとり　❹ぶた　❺さいばい　❻ぼうだい　❼きょだい　❽か　❾いっぱい　❿はいき　⓫どじょう　⓬みす
2 ❶膨大　❷土壌　❸循環　❹栽培　❺枯　❻豚
3 ❶イ　❷ア　❸ウ
4 ❶ア　❷イ　❸イ　❹ア

教科書の要点

1 〔順に〕水の惑星・水不足
2 見えない水
3 摂理
4 ①水の惑星　②淡水　③見える　④バーチャルウォーター　⑤工業製品　⑥外国の水　⑦豊富な　⑧循環　⑨地下水　⑩鏡　⑪将来

おさえよう 〔順に〕ア・イ

44〜45ページ ステージ2

1 〔順に〕生命を維持する・衛生を保つ
2 (1) バーチャルウォーター
(2)・例鶏や豚、牛が飲む
・例餌となる穀物を育てる　〔順不同〕
3 ウ
4 エ
5 例これからより多くの発展途上国において、工業化が進むと考えられるから。
6 人口増加と産業の発達

解説

3 「このまま」の「この」は指示語なので直前の内容に注目すると、「雨などによって……バランスがとれず」とある。この内容「地下水脈に入ってくる水と、くみ上げられて出ていく水とのバランス」について述べたウが正解。

5 記述対策
・考え方…直前に「今後、より多くの国々が工業化する」とある。既に工業化が進んでいる先進国に加えて、今後、発展途上国も工業化が進むと、工業用水の使用量（利用量）はさらに増えるということをおさえる。
・書き方…「より多くの国々」の「国々」を「発展途上国」に置きかえて書く。――線④は筆者の見解なので、「……と考えられるから。」などとまとめるとよい。

6 重要 「見える水」の使用量が増加する原因として、第一段落に「人口の増加にしたがって、当然増える」とある。また「バーチャルウォーター」の使用量が増加する原因として、食べ物を作るときに必要な水の他、6段落に工業製品を作るときの例があげられ、7段落に「より多くの国々が工業化するにつれて……急激に増える」とある。この二点をまとめた部分を探すと、冒頭に「人口増加と産業の発達」が見つかる。

46～47ページ ステージ3

1 節水・雨水利用・再利用〔順不同〕
2 (1)例食べ物を食べきれる分だけ作り、それを食べきること。
(2)例食べ物を作るために使われる水がかなり多いから。
3 A雨水　B地下水　C蓄える
4 育む
5 ア
6 将来を見据えて長期的に捉えるべき課題

解説

2 (2) 記述対策
・考え方…この段落の中ほどに注目する。食べ物を生産するのにも水が必要なのである（バーチャルウォーター）。日本では大量の食べ物を捨てているので、その食べ物を作るために使われた水も無駄になっているということをおさえる。
・書き方…食べ物を作るのに必要な水という内容をきちんと書く。理由を問われているので、文末は「から。」などにする。

4 「涵養（かんよう）」とは少しずつ養い育てることをいう。これ自体は難しい言葉だが、この段落最後の「水田も、貴重な地下水を育む場所なのだ」の部分が「田んぼにも地下水涵養の機能があり」の言いかえであることに気づけば容易である。

5 重要 「鏡に映ったもの」とは、ここではある物事の結果として現れたものというような意味。つまり、水問題は行きすぎた人間の行動が引き起こした結果だと筆者は主張している。この「行きすぎた人間の行動」として、歯磨きのときに水を流しっぱなしにする、食品を食べきれずに廃棄するなどがある。これらは、――線⑤のあとにある「自然の摂理の中で、身近な水を大切に使う生活」ではない。この点をふまえたアが正解。イは、水問題の原因が国単位の問題から発展したと捉えているので不適。ウ・エは「行きすぎた人間の行動」「鏡に映った」のどちらも適切に捉えていないので不適。

プレゼンテーション　ほか

48～49ページ ステージ1

漢字
1 ❶さかのぼ　❷にせき　❸ろうかく　❹ぶっとう　❺いれいひ　❻こうどう　❼がっぺい　❽てんぽ　❾いしょう　❿かせん　⓫さんかくす　⓬みょうじょう　⓭しだい　⓮ひあ　⓯きかがく　⓰くれない（べに）・そ
2 ❶紡績　❷船舶　❸陶磁器　❹精緻　❺戦禍　❻潤沢　❼伺　❽凝

教科書の要点
1 イ
2 ①盛り込まない　②大きさ　③色使い　④印象に残る

★基本問題

1 里山で、植 ～ をすること
2 ウ
3 イ
4 ウ

★解説

2 重要 ①のスライドには、「アンケート結果」を示す提示資料が入る。アンケート結果から「体験学習を実施した回が、しなかった回より評判が高いことがわかります。」とあるので、比較して違いがはっきりと伝わるように、結果をグラフにまとめたものを示すとよい。

3 スライドやフリップでは、参加者全員に見えるように、文字の大きさや量を考慮することが求められる。よって、イが正解。

枕草子・徒然草（枕草子）

50～51ページ ステージ1

漢字
1 ❶むらさき ❷おもむき ❸ほたる ❹しも
2 ❶趣 ❷尼 ❸紫 ❹霜

教科書の要点
1 ①清少納言 ②随筆 ③平安 ④宮廷 ⑤自然 ⑥観察
2 ①わ ②お ③お ④ようよう
3 ①例趣 ②例かわいらしい ③例いうまでもない ④例とても
4 ①あけぼの ②雲 ③夜 ④月 ⑤蛍 ⑥雨 ⑦夕暮れ ⑧からす（別解烏） ⑨かり（別解雁） ⑩虫 ⑪つとめて ⑫雪 ⑬火 ⑭炭（別解炭火）
5 ①瓜 ②すずめ ③ちり ④首

おさえよう ［順に］ア・ア

52～53ページ ステージ2

1
1 ⓐちこう ⓑひおけ
2 をかし
3 ②イ ⑤ア
4 蛍
5 わろし
6 風の音・虫の音 ［順不同］
7 例とても寒いときに、火を急いでおこして炭火を持って行く様子が、冬の朝に似つかわしい。
8 例寒さ
9 ①例自然 ②例人間の生活

2
1 ⓐはいくる ⓑおかしげなる ⓒおおえる
2 四
3 すずめの子
4 エ
5 ア

解説

1
5 「をかし」は「趣がある、興味深くおもしろく感じる」という意味。それと対照的な「よくない、興ざめな感じがする」という意味の語句を探すと、最後に「わろし」とある。

7 記述対策
・考え方…「どのようなとき」は「いと寒きに」、「何をする」は「火など急ぎおこして、炭持て渡る」に着目。これは冬の早朝にふさわしい様子だと述べている。
・書き方…問われている三つのことを簡潔にまとめて書く。文末は「……に似つかわしい。」とすること。

8 「昼になりて」とあるので、早朝と比べて「寒さ」がゆるんだといえる。

9 「春」は空の様子、「夏」は月の夜や、闇夜に蛍が飛びかう様子、「秋」は夕暮れ時に烏が飛ぶ様子など、「自然の風物」が描かれている。一方、「冬」は雪や霜などの自然の風物の他、人々の行動や部屋の中の様子といった「人間の生活」も描かれている。

2
4 「二つ三つばかりなるちごの」に続く部分に注目。「急ぎてはひ来る道に、……見せたる」というしぐさを「いとうつくし」と述べている。

枕草子・徒然草（徒然草）

54～55ページ　ステージ1

漢字

1 ❶もう ❷いまし

2 ❶詣 ❷戒

教科書の要点

1 ①兼好法師（別解吉田兼好） ②鎌倉 ③批評眼 ④美的

2 ①例長年 ②例いいかげんだ ③例知りたい

3 ①を ②は（が）

4 ①なむ ②係り結び

5 ①例なすこともない ②例たわいもないこと ③例とりとめもなく

6 ①石清水 ②極楽寺 ③山 ④目的 ⑤指導者

7 ①持ってはならない ②いいかげんに ③怠け心

おさえよう　［順に］イ・ア

56～57ページ　ステージ2

1
1 ア　2 イ
3 例石清水八幡宮に参拝すること。　4 ウ
5 神へ参るこそ本意なれと思ひて　6 ア
7 少しのことにも、先達はあらまほしきことなり。

2
1 例初心者は、後の矢をあてにして一本めの矢をいいかげんにしてしまうから。
2 イ　3 ウ　4 懈怠の心　5 ア

解説

1
1 「心うく覚えて」は「残念に思って」という意味。年をとるまで石清水八幡宮に参詣しなかったことに対する思いである。

2 この法師は石清水八幡宮に参詣したつもりでいるが、実はそのふもとの寺社を拝んだだけであることをおさえる。

3 重要 直後に「果たしはべりぬ」とあるから、この法師は目的を果たしたつもりでいることに着目する。

4 「ゆかし」は、対象に心ひかれる気持ちを表し、「知りたい」「見たい」「聞きたい」などの意味になる。

5 「山までは見ず」の前の部分にその理由が述べられている。

6 「本意」という言葉に着目。「本意」は、本来の目的の意味。他の人はみな山に登っていったけれども、自分は神様を拝みに来たのだから、それをまっとうできればよいと思って、山には登らなかったのだ、と述べている部分を捉える。

2
1 記述対策
・考え方…続く「後の矢を頼みて、初めの矢になほざりの心あり。」が理由にあたる。
・書き方…最初に「初心者は」などの言葉を付け加える。理由を問われているので、文末を「……から」とする。

2 「得失なく」は、「当たるか当たらないかを考えず」という意味。一本めで当たらなければ二本めで当てればいいなどと考えてはいけないというのである。

3 「おろかに」は「いいかげんに」、「せん」は「しよう」という意味。文末の「や」は反語を表し、「思はんや」は「思うだろうか、いや思わない」という意味になる。

4 直前の内容に注目する。自分の中に「懈怠の心」があることに自分では気づいていないが、「師」は「これを知る」というのである。

5 重要 弟子の怠け心に気づいて戒めている師の言葉に着目する。矢は一本だけを持ち、「この一矢に定むべし」、つまり、射ようとしている一本の矢に集中すべきだ、というのである。

平家物語

58～59ページ　ステージ1

漢字

1 ❶かね ❷えいが ❸う ❹し ❺いくさ ❻つる ❼ぬ ❽いっき ❾しょう ❿びれい ⓫く ⓬そで

2 ❶衰 ❷陣 ❸袋 ❹悔 ❺敷 ❻縫

教科書の要点

❶ ①軍記 ②鎌倉 ③漢語 ④平曲
❷ ①わ ②い ③のう ④え ⑤じ ⑥しゅう
❸ ①を ②が
❹ 候へ
❺ ①諸行無常 ②娑羅双樹
❻ ①七五調 ②平家
❼ ①大将軍 ②わが子 ③泣く泣く ④弓矢（を）取る身 ⑤大夫敦盛 ⑥出家

おさえよう 〔順に〕ア・イ

60～61ページ ステージ2

❶ 1 イ 2 エ 3 ひとへに風の前の塵に同じ
❷ 1 ⓐよわい ⓑたすけまいらせん
2 ①ア ②ウ 3 馬 4 例若武者の顔
5 (1) イ
(2) 例年齢がわが子の小次郎くらいで、顔立ちがたいへんに美しかったから。
6 例おまえは誰だ。 7 ウ
8 例討ち取ったら手がらになる身分の高い人物。

解説

❶
1 仏教の根本思想。「諸行」はこの世の全ての現象のこと、「無常」は変わらないものはないという意味である。
2 **重要** 「盛者」は勢いが盛んな人、栄えている人のこと。「必衰」は「必」ず「衰」えるという意味である。

❷
3 「どうど落ち」とあり、二人が何かに乗っていることがわかる。戦う武者が乗るのは「馬」。引用部分にはないが、教科書には二人が「馬」に乗っている絵があるのを思い出そう。
5 (1) 首を切ろうとした手が止まり、「助けまゐらせん」と気持ちが変わったことに着目する。
(2) **重要** 直前に「わが子の小次郎がよはひほどにて、容顔まことに美麗なりければ」と理由が述べられている。
7 身分がかなり違うことをおさえる。
8 値する相手ではないと判断したのである。若武者は、熊谷は名のるに

記述対策
- **考え方**…「よい敵」とは、討ち取ったときに大手柄になる身分の高い者のことである。
- **書き方**…単に「身分の高い人物」とするのではなく、討ち取ったら手柄になることがわかるようにまとめる。

62～63ページ ステージ3

✪
1 ⓐおんきょうよう ⓑなさけのう
2 ㋐イ ㋑ウ ㋒エ
3 ・例この若武者一人くらい助けても、戦の勝敗には関係ないと思ったから。
・例この若武者がなくなったらその父親が悲しむと思ったから。 〔順不同〕
4 土肥・梶原五十騎ばかり 5 イ
6 例1どちらにしても命が助からないということ。
例2敵に首を取られること。
7 (1) ①熊谷 ②殿 (2) ぞ 8 武芸の家 9 ア

解説

✪
3 熊谷の言葉に着目する。「この人一人……よもあらじ。」と、若武者一人の命くらいなら戦況には影響しないと判断している。そして「この殿の父、……嘆きたまはんずらん」と若武者の父親の気持ちを想像している。
5 「よも……じ」で、「決して……ないだろう」という予測を表す。
6 **記述対策**
- **考え方**…たとえ熊谷が逃がしても、あとからくる味方に討ち取られるのは明らかな状況であることをおさえる。
- **書き方**…「命が助からない」「敵に首を取られる」という点で同じだということがわかるようにする。

9 重要 直前の「弓矢取る身ほど……討ちたてまつるものかな」という熊谷の言葉に着目する。武士という立場上、本当は助けたかった若武者を非情にも自分の手で討たざるを得なかったことに苦悩しているのである。

漢詩の世界／漢文の読み方　漢詩の形式

64〜65ページ　ステージ1

❶ 教科書の要点
①五言　②七言　③五言　④七言

❷ ①心を驚かす。　②揚州に下る。
③簪に勝へざらんと欲す。

❸ ①欲レ然。　②抵二万金一。
③不レ覚レ暁。　④百聞不レ如二一見一。

❹ (1) 押韻　(2) 対句

❺ (1) ①孟浩然　②五言絶句　③例夜　④例（さえずる）鳥の声
⑤例風雨　⑥例散った
(2) ①李白　②七言絶句　③黄鶴楼　④三月　⑤例空
(3) ①杜甫　②五言律詩　③例山河（別解自然）　④例花
⑤例白髪
(4) ①杜甫　②五言絶句　③例春

おさえよう　〔順に〕ア・イ・ア・イ

66〜67ページ　ステージ2

❶
1 ア　2 暁・鳥・少　3 暁を覚えず
4 (1) 処 処 聞二啼 鳥一　(2) 例さえずる鳥の声
5 例昨夜以来、風や雨の音がしていたということ。
6 ウ　7 ア

❷
1 楼・州・流　2 (1) ウ　(2) 孟浩然
3 例花が咲いているところに霞が立ちこめている情景。
4 下二揚 州一　5 ウ　6 エ　7 イ

解説

❶
5 「夜来」は「昨夜以来」の意。「声」には「おと（音）」の意もある。ここでは「風」や「雨」の「音」とするのがよい。
6 重要 各句の内容から考える。起句・承句までは今朝の情景を詠み、転句で昨夜の風雨の音に思いを寄せ、結句ではふたたび今朝の庭の情景を予想している。よって場面が変わっているのは転句。
7 詩の題名にもあるように、作者の心情は起句に凝縮されている。

❷
2 (1) 重要 「故人」は、現代の日本語では「亡くなった人」の意味だが、ここでの「故」は、「古・旧」と同じ意味。
3 記述対策
・考え方…「煙花」とは、春、花に立ちこめる霞のこと。
・書き方…「…情景。」という形でまとめる。
7 作者の李白が、友人の乗った舟が見えなくなるまで見送っていることから、別離を惜しむ心情が読み取れる。

68〜69ページ　ステージ3

❶
1 (1) 城春にして草木深し
(2) 例戦乱によって都は破壊されても、山と河は昔の姿そのままに存在しているということ。
2 恨レ別鳥驚レ心　3 烽火三月に連なり
4 例故郷から遠く離れた戦場にいる自分に、家族からの手紙はめったに届かないから。
5 エ　6 エ

❷
1 五言絶句　2 然・年
3 (1) ①山　②花　(2) 赤（紅）
4 ウ　5 エ

❶解説
4 記述対策
・考え方…「家書」は家族からの手紙、「万金（ばんきん）」は多額の金銭という意味。
・書き方…「万金」の意味をふまえ、故郷から遠く離れた戦場にいる自分にたまにしか届かない家族からの手紙は、多額の金銭と同じくらい貴重なものだと作者が考えていることをまとめる。

6 この詩では、前半の四句で人間と自然の営みを対比し、後半の四句で別れて暮らす家族への思いや老いていく自身を嘆く気持ちがうたわれている。

❷
3 (2)「然」は「燃」と同じ意味。ここでは実際に燃えているのではなく、比喩として使われている。花が燃えるように赤く咲いているということ。

4 この句は「今年の春もみるみるうちにまた過ぎ去った」という意味。第三句は転句（てんく）。

5 重要 前半の二句で鮮やかな自然の風景を描き、後半の二句で故郷に帰れないまま年を重ねていく悲しみをうたう。前半の二句の華やかさが、その悲しみをいっそうきわだたせている。

漢字のしくみ1 熟語の構成・熟字訓 ほか

70〜71ページ ステージ1

漢字
1 ❶おうとつ ❷けいちょう ❸せんと ❹とくめい ❺しっそう ❻しゅんそく ❼かいこん ❽かっとう ❾しんちょく ❿めいふく ⓫あいしゅう ⓬けんそん ⓭はくちゅう ⓮すもう ⓯しぐれ ⓰ひより
2 ❶挑戦 ❷日没 ❸搭乗 ❹文壇 ❺雷鳴 ❻胴衣 ❼吉報 ❽老婆

基本問題
1 ①主語 ②反対 ③似た ④目的 ⑤修飾 ⑥打ち消し ⑦補助的 ⑧訓 ⑨熟字訓
2 ①ウ ②オ ③ア ④イ ⑤エ ⑥イ
3 ①エ ②ク ③カ ④ウ ⑤ケ ⑥イ ⑦キ ⑧ア ⑨オ
4 ①エ ②ア ③ウ
5 ①さみだれ ②みやげ ③かぜ ④たなばた ⑤えがお ⑥けしき ⑦ここち ⑧しない

解説
3 ⑨「農協」は、農業協同組合の略。
4 ②ア「完全」は「完」「全」ともに「欠けたところがない」という意味があるので、似た意味をもつ熟語である。

複数の情報を関連づけて考えをまとめる ほか

72〜73ページ ステージ1

漢字
1 ①くるまいす ②にんさんきゃく
2 ①二人三脚 ②車椅子

基本問題
共生社会に関するデータ
★ イ

教科書の要点
1 ①介助 ②不安 ③健常者 ④自立 ⑤頼れる場所

おさえよう 〔順に〕イ・ア

基本問題
1 自立とは「依存先を増やすこと」／投稿文
1 例親を失えば生きていけなくなると不安だったが、依存先を増やしていけば、生きていけると思えるようになった。
2 例依存先を増やしていくことこそが、自立だということ。
3 エ
2 ア・エ〔順不同〕

解説

基本問題

1
1 重要 自立とは「依存先を増やすこと」／投稿文
「でも」の前から変化する前の筆者の気持ち、あとから変化後の筆者の気持ちを読み取ろう。
3 最後の段落に「他者や社会」が、どのようなものかについて説明されている。「でも」という逆接の接続語のあとに、筆者が強く述べたいことが書かれている。

2
投稿文とは、読者が新聞や雑誌などに自分の体験や意見を発表するために書いて送る文章のこと。投稿文で意見を書くときは、意見を支える根拠をできるだけ多く書き出し、その中から選んで書くとよい。また、意見の根拠として、資料のデータや文章の一部を引用する際は、引用であることがはっきりと読者にわかるように、「　」を用いたり、「……によれば」と著者名を示したりするとよい。

文法の窓2　助詞・助動詞のはたらき　ほか

74〜75ページ　ステージ1

漢字

1
❶いかく　❷らくのう　❸かま　❹ほ　❺かまめし　❻す
❼きゅうし　❽じゅうてん　❾しょほうせん　❿かいぼう
⓫せきつい　⓬きゅうどう　⓭でし　⓮さず　⓯ほどとお
⓰かみわざ

2
❶寛容　❷羞恥　❸皮膚　❹結膜　❺煮　❻刈

教科書の要点

❶
(1) なく
(2) ①格　②接続　③副　④終

❷
(1) あり
(2) ①自発　②尊敬　③使役　④断定　⑤過去　⑥完了　⑦希望　⑧意志

解説

基本問題

2
1 ①単文　②複文　③重文
2 ①例1 逃げていくあひるを、兄は泥だらけになって追いかけた。
例2 兄は泥だらけになって、逃げていくあひるを追いかけた。
②例1 泥だらけになって逃げていくあひるを、兄は追いかけた。
例2 兄は、泥だらけになって逃げていくあひるを追いかけた。

3
・例 私の夢は、学校の先生になることだ。
・例 私は、学校の先生になりたい。

76〜77ページ　ステージ2

❶
①（助詞）から・で・が〔順不同〕（助動詞）なく
②（助詞）のに・が〔順不同〕（助動詞）たかっ・た〔順不同〕
③（助詞）は・と・へ〔順不同〕（助動詞）です
④（助詞）の・に・を・と〔順不同〕（助動詞）う・ます〔順不同〕

❷ ①を　②で　③の
❸ ①と　②ながら　③ば　④ので
❹ ①ウ　②カ　③キ　④オ　⑤エ　⑥イ　⑦ア
❺ ①イ　②ア　③ウ　④エ
❻ ①れる　②られ　③られる　④れ
❼ ①せる　②させる　③せる
❽ ㋐例1 母は、パスタの好きな私と評判のレストランへ出かけた。
例2 パスタの好きな私は、母と評判のレストランへ出かけた。
㋑例 パスタの好きな私と母は、評判のレストランへ出かけた。
❾ ①例 私は、彼よりも君のほうがこの仕事に向いていると思う。
②例 この映画で私が好きなのは、音楽が場面にマッチしているところだ。
❿ ①ウ　②イ　③イ　④ア

解説

❻ ❶ ②の「ない」は形容詞の「ない」。
五段活用、サ行変格活用の動詞には「れる」が接続し、それ以外の

動詞には「られる」が接続する。

7 「れる・られる」と同様に、五段活用、サ行変格活用の動詞には「せる」が接続し、それ以外の動詞には「させる」が接続する。

9 ① **重要** 文頭の「私は」がこの文の主語だが、述語が「向いている」では主語に照応していない。そこで、「私は」という主語に照応する述語を補う必要がある。

② 「私が好きなのは」に照応する表現「ところだ」などを補う必要がある。

10 ① 「父は長野県の出身だ。」という文と「母は大阪府の出身だ。」という二つの単文が対等の関係でつながっている文。

② 「弟は」が主語で「ほしがる」が述語。その他の修飾語（修飾部）の部分にも「私が」（主語）「買ってくる」（述語）があるので複文である。

③ 「雨が降った」「運動会は延期になった」という二つの主述関係が含まれているが、対等の関係ではなく、前者が後者の理由を表している関係なので複文と考える。

④ 本来の語順に直すと、「この高台から見える夕焼けは、とても美しいよ。」となり、主述関係は一つしかないので単文である。

78〜79ページ　ステージ3

1 ①イ　②ア　③ウ　④エ　⑤イ　⑥ア　⑦エ　⑧ウ　⑨ア　⑩エ

2 ①イ　②ア　③ア　④イ

3 ①オ　②キ　③イ　④ア　⑤ウ　⑥エ　⑦コ　⑧ケ　⑨ク　⑩カ

4 ①ウ　②イ　③ア　④ア

5 ①で　②たけれ　③なかっ　④られれ　⑤たがり

6 ①ア 例 汗をかきながら走る弟をたかし君は追いかけた。

イ たかし君は、汗をかきながら走る弟を追いかけた。

②ア 例 一生懸命兄は泳いでいる友達を応援した。

イ 兄は一生懸命、泳いでいる友達を応援した。

2 **解説**

① ①とイの「の」は、主語を作るはたらき。アの「の」は、「もの」と言いかえられる。

② ②とアの「で」は、手段を表すはたらき。イの「で」は、場所を表すはたらき。

③ ③とアの「さえ」は、それだけで十分に条件が満たされるという意味を表す。イの「さえ」は、極端な例を提示して、ましてや他のことはという意味を表す。

④ ④とイは、おおよその分量を表すはたらき。アは、そのことが極端であることを表すはたらき。

4 **重要** ① ①とウは、打ち消しの意味を表す助動詞。アは、「おもしろく」と「ない」の間に「は」などを入れることができるので、補助形容詞の「ない」。イは、「せつない」で一つの形容詞。

② ②とイは、推定を表す。アとウは、たとえを表す。

③ ③とアは、伝聞を表す。イとウは様態を表す。

④ ④とアは、推定を表す助動詞。イは、「男らしい」で一つの形容詞。ウも、「もっともらしい」で一つの形容詞。

80〜81ページ　大阿蘇（おおあそ）／言葉発見④　ステージ1

基本問題 大阿蘇

★ 1 エ　2 ア　3 噴煙・雨雲〔順不同〕　4 ア

基本問題 言葉発見④

1 ①節　②意　③向　④短

2 ①難　②縮小　③権利　④減少　⑤主観　⑥消極

3 ①A低い　B安い　②A閉まる（閉じる）　B縮まる

4 ①Aエ　Bウ　Cア　Dイ　②Aエ　Bア　Cウ　Dイ

解説

★ 基本問題 大阿蘇

3 この「けじめ」は、境目という意味。「けじめもなしに」は、ここでは「噴煙」がそのまま「雨雲」の中に吸い込まれて、どこからが雨雲でどこからが噴煙か境目がはっきりしない様子を表している。

4 百年たっても目の前の風景は変わらないだろうと感じているのである。**自然の悠久さに圧倒されていることを読み取る。**

小さな手袋 ほか

82〜83ページ ステージ1

漢字と言葉

1 ❶はんも ❷ようせい ❸ひとみ ❹しんりょうじょ ❺しょうにか ❻たいりゅう ❼あや ❽しょうげき ❾はんい ❿まんえつ ⓫しんし ⓬じゅみょう

2 ❶披露宴 ❷薬剤 ❸儀式 ❹麻 ❺抑 ❻漏

3 ❶ア ❷ウ ❸イ

教科書の要点

1 ①三 ②病院 ③父親（父）

2 (1) ①愛情 ②成長 (2) 交流

3 ①雑木林 ②（意地悪な）妖精 ③身内の不幸 ④深い傷 ⑤忘れた ⑥手袋 ⑦おえつ ⑧雑木林

おさえよう 〔順に〕ア・イ・イ

84〜85ページ ステージ2

1

1 例おばあさんが、童話に出てきた意地悪な妖精にそっくりだったから。

2 例おばあさんと目を見合わせたら、魔法をかけられると思ったから。

3 例おばあさんが妖精だったら、シホは雑木林のくぬぎの木にされていたかもしれないから。

4 イ

2

1 ア・ウ

2 例シホの体温が感じられるし、シホといることがうれしいから。

3 お菓子の本

4 例脳卒中で倒れて危険な状態にある、東北の父親のことを案じているから。

解説

1

4 直前に「しかし」とあり、妻は当然、「私」の冗談（じょうだん）に気づいたうえで、二人のやりとりをほほえましく見守っているのである。

2

1 「あたしが行かないと、おばあちゃんは泣きたくなるんだそうだもの」とあり、「おばあさん」のために行くのが第一の理由である。一方、「学校から帰るとすぐに」ともあり、シホ自身も楽しみにしているといえる。

2 記述対策

- **考え方**…人がそばにいて体が暖かいだけでなく、シホが会いに来てくれることで心も温かいことを読み取る。
- **書き方**…「シホの体温が感じられる」「シホといることがうれしい」の二点をまとめる。

4 重要 「遠くを見る目をして」という表現から、そばにいない人のことを考えていることが推測できる。妻の父親が脳卒中で、危険な状態にあることをおさえる。

86〜87ページ ステージ3

★

1 ウ 2 ア

3 例シホにどうしてもクリスマスプレゼントを渡したいという気持ち。

4 例赤と緑の毛糸で編んだミトンのかわいい小さな手袋。

5 (1) 例手が不自由なので、編みあげるのに普通の五倍も時間がかかるから。

(2) 例おばあさんに会いに行かなくなって長い時間がたつ間に、シホが大きくなったということ。

6 例おばあさんに会いに行かなかったことを深く悔やむ気持ち。

7 例会いに行かなくなったことをおばあさんにあやまりたいという気持ち。

解説

5 重要 あとに「普通の五倍も……ようやく編みあげた」とあることから不自由な手で精いっぱい編んでくれたことがわかる。一方、三年生のシホの手に合わせた手袋は六年生のシホには小さかったことから、過ぎ去った時間の長さが浮かびあがる。

6 記述対策
- **考え方**…修道女の話を聞き、「小さな手袋」を手にしたことで、シホは「おばあさん」の愛情を知り、それを裏切ってしまったことを深く後悔したのである。
- **書き方**…「会いに行かなかった」ことを「悔やむ」という内容であれば正答。

動物園でできること／漢字のしくみ2

88～89ページ ステージ1

漢字と言葉

1 ❶かちく ❷しせつ ❸はんしょく ❹か ❺げんそうてき ❻ほこ ❼もちゅう ❽のきさき

2 ❶実践 ❷桟橋 ❸腕 ❹与

3 ①ウ・カ・コ〔順不同〕 ②イ・オ・ク〔順不同〕 ③ア・エ・キ・ケ〔順不同〕

4 ①A講演 B公演 ②A創造 B想像 ③A後世 B構成

教科書の要点

1 〔順に〕レクリエーションの場・学びの場

2 幸せに生きる

3 ①レクリエーション ②学ぶ ③野生 ④環境問題 ⑤散歩 ⑥たくましさ（すごさ） ⑦害獣 ⑧感動

おさえよう 〔順に〕ア・イ

90～91ページ ステージ2

1 A急速に悪化 B絶滅の危機

2 人間を含め

3 ・例野生動物と彼らが暮らす環境のことを理解すること。
・例人間が野生動物とともに生きることの意味や大切さについて学ぶこと。 〔順不同〕

4 〔順に〕レクリエーション・次の世代へ伝える・調査や研究・学ぶ場

5 例今ある「レクリエーションの場」に「学びの場」を組み合わせるか

6 エ

解説

3 記述対策
- **考え方**…第五段落に「生きて動く野生動物を目の前にしながら」とあることに着目する。動物園で「生きて動く野生動物」を見ることで、「彼ら（野生動物）と彼らが暮らす環境のことを理解」すること、「彼ら（野生動物）とともに生きることの意味や大切さについて学ぶこと」ができると述べられている。
- **書き方**…「彼らとともに」生きていくのがわれわれ「人間」であることを明確にしてまとめる。また、「彼ら」を「野生動物」と言いかえてまとめる。

4 重要 第二段落に「人々にレクリエーションの場を提供するという役割」、第四段落に「野生動物を保護し、次の世代へ伝える役割」、「野生動物についての調査や研究も動物園の役割」、第五段落に「野生動物や自然環境について学ぶ場を人々に提供することも、動物園の大切な役割」とある。

5 最後の段落に、「今ある『レクリエーションの場』に、どのようにして『学びの場』を組み合わせていくかということ」が動物園や筆者にとっての「大きな課題」だと述べられていることをおさえる。

6 文章の最後で筆者は、動物園では「よりよく学ぶためにも楽しさは欠かせない」と述べており、この内容に合致するエが正解。アは「レクリエーションの場ではなく学びの場である」が誤り。イは「動物園にしかできない」が誤り。ウは文章の最後で「楽しいことや楽しかったことが必ずしも学びにつながるとは限らない」と述べているので誤り。

92〜93ページ ステージ3

1 A鹿の子まだら　Bオス　C角　D雪の大地　E冬毛

2 確かにエゾ

3 地球上の生物の豊かさを構成している一員

4 (1) 例ヒトにはとてもできないようなハイジャンプや崖登りができるところ。

(2) ・例岩山の上に登ってくるように餌の与え方を工夫した。
・例ハイジャンプができるように柵を設置した。
〔順不同〕

5 イ

解説

2 ——線②の直後の内容に、エゾシカが「害獣」であり、被害を受けた人には憎たらしく見えるとあることをおさえる。「その増加が農林業被害や衝突事故で問題になっている」が理由にあたる部分である。

4 (1) 記述対策
・考え方…——線④「すごいところ」は直前の「すばらしい能力」の言いかえであることをおさえ、その能力について具体的に述べられている内容をまとめる。
・書き方…すばらしい能力の具体的説明である「ハイジャンプ」と「崖登り」を「いとも簡単にやってのける」という内容を、「〜ところ。」という形でまとめる。

(2) ——線④の直後の「岩山の上に……柵を設置したりして」の部分で、筆者が行ったエゾシカの「すごいところ」を見せる展示の工夫内容が具体的に述べられている。その部分を二つの内容に分けてまとめる。

5 重要 筆者はこの文章で、動物園が「楽しみの場」であり「学びの場」であること、そこで来園者に野生動物と「ともに生きていることの意味やその大切さ」を知ってもらいたいということを述べている。この内容をふまえたイが正解。

論説文 ほか

94〜95ページ ステージ1

漢字

1 ❶ざんしん　❷いちまつ　❸だんがい　❹こうてつ　❺ぶじょくてき　❻えつらん　❼ただ・が　❽はんようせい　❾うじ　❿すいとうがかり　⓫むく　⓬ていさい　⓭けびょう　⓮ゆえ　⓯や

2 ❶憤慨　❷曖昧　❸紙幣　❹紛糾　❺傑作　❻弊害　❼惰性　❽摩擦

教科書の要点

❶ イ

❷ ア

基本問題

1 〔順に〕人工知能・推進して

2 イ
3 イ
4 ウ

解説

★基本問題

1 筆者の意見は、1段落の「〜だと考える。」、4段落の「〜ではないだろうか。」という考えを表す文末表現の文に述べられているので、それらの文から指定字数に合う言葉を抜き出せばよい。

2 **重要** 3段落に注目すると、病気の診断や自動車の自動運転装置に人工知能が使われることで人工知能が役立つという具体例が述べられている。その具体例が根拠となって〝人工知能の活用を推進すべきだ〟という筆者の意見を支えている。

3 2段落には、人工知能の利用に賛成できないという、筆者の意見に対する反論と、それに対する筆者の考えが述べられている。予想される反論とそれに対する考えを述べることで、意見を支える根拠が明確になることをおさえよう。

走れメロス ほか

96〜97ページ ステージ1

漢字と言葉

1 ❶びんかん ❷けいり ❸せんせい ❹はんらん ❺あざむ ❻みにく ❼だきょう ❽らつわん ❾たいまん ❿しんぼう ⓫いくじ ⓬ゆくえ

2 ❶沸騰 ❷妄想 ❸徐々（徐徐） ❹累計 ❺貪欲 ❻拳

3 ❶ウ ❷ア ❸イ

教科書の要点

1 ①メロス ②ディオニス ③セリヌンティウス

2 〔右から順に〕3・1・4・2・5・6

3 ①激怒 ②悪徳 ③私欲 ④悪徳者 ⑤希望 ⑥悪い夢 ⑦空虚な妄想

おさえよう 〔順に〕イ・イ

98〜99ページ ステージ2

1 その王の顔

2 メロス…最も恥ずべき悪徳
王…正当の心構え

3 （たった一人の）妹・結婚式

4 メロス　5 人質（別解身代わり）

6 エ　7 イ

8 例1自分が助かるために、友人を見捨てると思っている。
例2メロスは逃げて、帰ってこないと思っている。

解説

1 「蒼白（そうはく）」「眉間のしわは、……深かった」という王の暗い表情に、孤独（こどく）や苦悩の心情が表れている。

2 **重要** メロスと王が反対の考え方をしていることを捉える。メロスは人の心を信じ、王は人の心を信じていない。

3 続くメロスの言葉から、メロスが妹に結婚式を挙げさせたいと思い、すぐに処刑（しょけい）されることをためらったことがわかる。

6 直前の部分に、「人は、これだから信じられぬと、……うんと見せつけてやりたいものさ。」と、王の考えが書かれている。

7 王は、メロスにわざと遅れてこいと言っている。メロスは、王に信じてもらえないだけでなく、ひきょうなことをしてまで助かろうとしていると思われていると知り、憤慨している。

8 **記述対策**
・**考え方**…「どうせ帰ってこないに決まっている。」という心内語から、王は、メロスが自分の命を惜しんで、守る気のない約束をしたと考えていることがわかる。
・**書き方**…「見捨てる」「帰ってこない」「遅れて帰ってくる」など、メロスが友人を見殺しにする行動を表す言葉を使ってまとめる。

100〜101ページ ステージ3

1 ウ
2 つり上げられてゆく友の両足に、かじりついた
3 例1友を裏切り、刑場に戻るのをあきらめようとしたこと。
例2自分が助かるために、友を裏切ること。
4 例メロスが裏切り、帰ってこないかもしれないということ。
5 エ　6 イ
7 信実とは、決して空虚な妄想ではなかった
8 例1友情や信実のきずなで結ばれた仲間。
例2お互いを心から信じ合える仲間。

解説

1 「間に合う、間に合わぬ」も「人の命」も「問題でない」とある。メロスは、個人の意志や感情で走っているのではない。

3 重要 「悪い夢」の内容は直接述べられていないが、セリヌンティウスに殴ってほしいと願っていることから、親友に対する悪い思い＝友に対する裏切りの心が芽生えたことだとわかる。

4 人質（ひとじち）とされた者が抱く疑いはどのようなものかを考える。メロスが約束を守らないかもしれないと疑ったのだ。

5 メロスとセリヌンティウスは、互いに相手を裏切ろうとしたり、疑ったりした。そのことを許し合うために、殴り合ったのである。

8 記述対策
- **考え方**…メロスとセリヌンティウスのように、命さえもかけることができるような強い信頼関係のある間柄である。
- **書き方**…「信実」「信じ合う」「友情」などの言葉を使ってまとめる。

ポテト・スープが大好きな猫

102〜103ページ ステージ1

❶ 教科書の要点
(1) テキサス
(2) ①こぢんまり　②魚釣り　③ポテト・スープ
(3) ①気に入って　②出かける
〔右から順に〕6・1・7・4・2・5・3
❷ 愛情
❸ ①ポテト・スープ　②電気毛布
❹ ③（おまえを）置いてはいかない（よ）　④寂しそうな
⑤怒り　⑥かわいそうな　⑦ほっと

おさえよう 〔順に〕ア・イ

104〜105ページ ステージ2

1 イ
2 ①例大きな魚　②例怒りに燃えた　③例にらみつけて
3 例ねずみ一匹捕まえたことのなかった猫が、必死で大きな魚を捕まえてきたこと。
4 (1) 魚釣りに一
(2) 例うとうとしていただけなのに、ぐあいが悪いと決めつけて置いていくのはひどい。
5 例猫は今までのように、ただ一緒にいてくれればいいという気持ち。

解説

1 「起こってしまったこと」とは、猫がいなくなったこと。「しょうがない」とあっさり諦（あきら）めているように見えるが、あとの「うつむいて、足取りも重く、寂しそうな顔で」から、本当は寂しいことがわかる。

3 重要 三〜四行めのおじいさんの言葉から、この猫は今まで「ねずみ一匹」捕まえたことがなかったことをおさえる。

4 (2) 記述対策
- **考え方**…「猫の言い分」に着目する。おじいさんと猫の心のすれ違いをおさえる。
- **書き方**…「うとうとしていただけ」という猫の言い分と、「ぐあいが悪い」と思ったおじいさんの考えを対

比させる。猫の気持ちを「ひどい」「納得がいかない」などの言葉を使ってまとめる。

5 記述対策
- 考え方…直後に「おまえは今のおまえのままでいい」とある。おじいさんは猫と一緒にいられれば幸せなのである。
- 書き方…「一緒」「いてくれればいい」などの言葉を使ってまとめる。

むさぼり

106〜107ページ ステージ1

言葉
1 ❶エ ❷ウ ❸ア ❹イ ❺オ

教科書の要点
❶ ①〔順に〕冬・夜 ②宮殿 ③モンテフェルトロ公
❷ ア・ウ〔順不同〕
❸ ①モンテフェルトロ公 ②野がも ③むさぼり

おさえよう 〔順に〕ア・イ

★基本問題
1 例自分が善き心の他は何ももっていないということ。
2 (1) 表面は静か
(2) 人間ほど混沌として始末に負えないものはないのだ。
3 〔順に〕欲のない男・寡欲

★解説
基本問題
1 ――線①のモンテフェルトロ公の言葉は、直前の若い廷臣が発した言葉を受けたものなので、その言葉から「そう」が指す内容を捉える。若い廷臣の言葉の「わが殿は善き心の他は何ももっておられない」の部分の内容を、モンテフェルトロ公の立場で「〜こと。」という形でまとめる。
3 重要 モンテフェルトロ公は、その発言の最後の四文で、自分が人々から思われている人物像と本来の人物像とのギャップについて述べている。その部分から空欄にあてはまる言葉を探して抜き出す。

那須与一 ――「平家物語」より

108〜109ページ ステージ1

教科書の要点
1 ①ぞ ②ける
2 ①陸 ②源氏
3 ①那須与一 ②自害 ③舞

おさえよう 〔順に〕ア・イ

★基本問題
1 ⓐゆりすえ ⓑねがわくは ⓒひょうど
2 イ
3 沖には平家、舟を一面に並べて見物す。
4 これを射そ
5 例自分の放つ矢が扇のまん中に命中すること。

★解説
2 昔は一日を十二に分け、十二支を当てて、二時間ごとに「子の刻」（夜の十二時）、「丑の刻」（午前二時）……と呼んだ。「酉の刻」は今の午後六時頃である。
3 重要 「対句」は、言葉の形や意味を対応するように並べて、印象を深める表現。「沖」と「陸」、「平家」と「源氏」、「舟」と「くつばみ」、「見物す」と「見る」が対応している。
4 矢が当たらなかったら自害するという覚悟を表す文を抜き出す。
5 「あの扇のまん中射させてたばせたまへ」（あの扇のまん中を射させてくださいませ）が、与一が神仏に祈った内容である。

見えないチカラとキセキ

110〜111ページ　ステージ1

❶〔順に〕銅メダル・衝撃的
❷〔順に〕気づく・存在・見えない・向き合って
❸①輝いてみたい　②下のレベル　③諦めそう
④待って（いて）

おさえよう　〔順に〕イ・ア

基本問題
1　例自分と同じように目が見えないはずなのに、コートの中を自由に走って、世界の舞台で戦っている選手がいること。
2　自分自身を全身で表現して
3　ウ
4　驚いたこと

解説
基本問題
1　重要　――線①の直後から、選手は目が見えているのではないかと思うほど驚いたこと、さらに、見えないのに「コートの中を自由に走っている」こと、「世界の舞台で戦っている」のを「スゴイ」と思ったことをまとめる。
4　「ツイてる」とは「運がいい」「つき（幸運）に恵まれている」という意味。身近にゴールボールを習うことができる人がいるということは「幸運」といえる。

112〜113ページ　ステージ2

1　・例仲間とコーチの存在があったから。
・例自分と本気で向き合ってみたかったから。〔順不同〕
2　イ
3　例なぜミスをしたのかを考え、工夫して再チャレンジして、同じミスをしないようにすればよい。
4　エ　5　A見えない　B言いわけ
6　例見えないことが言いわけにならないスポーツで世界を目指してみたい。

解説
2　アとエは仲間や先輩（せんぱい）についての記述に、ウはコーチ（先生）についての記述に合致する。よって適切でないのはイ。
3　記述対策
・考え方…先生がミスについてどのように考えているかを、――線②のすぐあとの部分から読み取る。「同じミスをする」＝「本当の失敗」なので「同じミスはするな」ということ、また、ミスをしたときには「なぜミスをしたのかを考え」「工夫して再チャレンジ」すれば「それはミスじゃない」という先生の考え、この二点をおさえる。
・書き方…ミスをしたときの対処法を簡潔に述べ、「同じミスはするな」という点を加えてまとめる。
4　重要　――線③の「このまま」が指す状況を捉える。直前にも「そう考えたとき」とあるので直前の段落の内容を確認すると、「〝見えない〟ことを理由に言いわけし続けるのかな」「〝見えない〟ことから一生逃れられないのかな」とあり、これを受けて「このままじゃ嫌だ。」と思ったことがわかる。よってエが正解。
6　直前の段落の最後に書かれている。筆者は「〝見えない〟ことを理由に言いわけし続ける」ことを嫌だと感じているので、「見えないことが言いわけにならないスポーツ」＝ゴールボールで世界を目指したい、と心が切り替わったのである。

水田のしくみを探る（さぐる）

114〜115ページ　ステージ1

❶〔順に〕七百・六百五十

❷ (1)〔順に〕作土・鋤床・心土
(2) 八十億

❸ ①固めて ②災害 ③水資源 ④蒸散 ⑤空気 ⑥恩恵

おさえよう 〔順に〕イ・ア

★基本問題

1 〔順に〕中国・朝鮮半島
2 いったい、
3 例水田に張った水が、地下にしみ込んでしまうのを防ぐため。
4 イ・エ〔順不同〕

解説

★基本問題

2 一つめの段落の終わりに「〜でしょうか。」という問いかけの文があることに注目する。「水田はどのように作られているか」と問いかけて、この文章で説明しようとしている話題を示している。

3 記述対策
- **考え方**…直前の「ただ土を掘り下げた……しみ込んでしまう」とある部分に着目する。水漏れが起きないように工夫を凝らしていることを理解する。
- **書き方**…「水田に張った水」などの言葉を足す。また、「何のため」と問われているので、文末を「……ため」とする。

4 アは「心土」のはたらき、ウは「作土層」のはたらきである。

116〜117ページ ステージ2

★
1 (1) 例土を固めて水田を作る
(2)・例連作障害を防ぐ効果があること。
・例災害を防ぐ効果が生まれること。〔順不同〕
2 例畑で同じ土地に同じ農作物を続けて作ると、収穫が少なくなったり、作物が病気になったりすること。
3 例植物自身が出す老廃物（など）
4 洪水・土石流・地崩れ〔順不同〕
5 例水田がため池となって雨水をため込み、その雨水を徐々に放水していく。
6 ウ

★解説

5 記述対策
- **考え方**…——線⑤を含む段落の次の段落に注目。「水田は、……洪水を防ぐのに役立っている」とある。
- **書き方**…水田が「ため池」になることで雨水を「ため込む」こと、「雨水を徐々（じょじょ）に放水」すること、の二点を入れる。

6 重要 この文章では、まず土を固めて水田を作ることに「長所」があることを提示し、その一つめとして「連作障害を防ぐ効果」について、「連作障害」が起こる原因を含めて説明している。そのあと、二つめの長所として「災害を防ぐ効果」について説明している。この構造をおさえて、各選択肢を検討する。ア・エは本文の内容と異なるので誤り。この文章ではそれぞれの長所を比較してはいないので、イ「よい影響よりも、防災に役立っていることのほうが重要」も誤り。

プラスワーク

聞き取り問題① プレゼンテーション

118ページ

〔解答の漢字や片仮名の部分は、平仮名で書いてもかまわない。〕

(1) 二十二パーセント（別解 22％）
(2) ウ
(3) 例 一日に必要な野菜の量を知らない人が多いという問題。
例 食事にあまり時間をかけられない人が多いという問題。〔順不同〕
(4) プラス一皿分
(5) イ

解説

(1)・(2) どの数字が何を表しているのか、メモを正確に取るように心がける。「野菜を一日に何皿分食べるのが適量だと思うか」という質問の回答結果について、小林さんは「『一皿から二皿』と答えた人が四十二パーセント、『三皿から四皿』と答えた人が四十二パーセント」だと話している。

(3) 小林さんはクラスで意識調査を行ったところ「二つの問題がわかりました」と話しているので、それ以降を注意して聞き取る。「一つめの……」「二つめの……」など、順序を表す言葉が出てきたら、**メモを取るようにする**。文末は「～が多い。」などでも可。

(5) 一日の野菜摂取量の目標を調べていたり、調査結果をグラフで示したりして、問題点をわかりやすく伝えていたことから、**イ**が正解。**ア**は「異なる立場の意見をあえて検討することで」が、**ウ**は「具体的な数値は挙げずに結論だけを」が、**エ**は「自分の個人的なエピソードをふんだんに盛り込むことで」がそれぞれ誤り。

放送文

それでは、聞き取り問題を始めます。

これから、学校の授業で行われた小林さんのプレゼンテーションと、それについての問題を五問、放送します。放送は一回だけ行います。聞きながら、メモを取ってもかまいません。それでは、始めます。

皆さん、この二つのグラフをご覧ください。これは、先日私たちの住む南市全体で行われた「食事と健康に関する調査」のうちの、野菜に関する調査結果の一部です。アンケートで「野菜は健康によいと思うか」という質問に対して、「よいと思う」と答えた人は、九十七パーセントととても高い割合でした。ですが、実際に十分な量の野菜を食べていた人は、わずか二十二パーセントでした。ほとんどの人が野菜は健康によいと考えているのに、十分な量を食べている人が少ないのはなぜでしょうか。

私はその理由を探るために、クラスで意識調査を行いました。その結果、二つの問題がわかりました。

まず一つめの問題は、「一日に必要な野菜の量を知らない人が多い」ということです。厚生労働省では、健康のために一日に三百五十グラム以上の野菜をとることを目標としています。おひたしやサラダなどの小皿料理は一皿分で、およそ七十グラムの野菜をとることができます。つまり、一日にこれらを五皿食べることができれば、目標が達成されるのです。

しかし、こちらのグラフをご覧ください。「野菜を一日に何皿分食べるのが適量だと思うか」という質問に対し、「一皿から二皿」と答えた人が四十二パーセント、「三皿から四皿」と答えた人が四十二パーセントでした。一日に必要な量を実際より少なく考えている人が多いことがよくわかると思います。

二つめの問題は、「食事にあまり時間をかけられない人が多い」ということです。遅い時間まで部活動をしていたり、学校から帰ったらすぐ塾に行ったりして、夕食の時間を長く取れないという人も多いようです。そのため、手早く食べられるパンやおにぎりだけで食事を済ませるという意見が多くありました。

これらの問題をふまえて、私は次のようなキャッチコピーを考えました。それは、「プラス一皿分の野菜」です。

野菜を十分とるには、目標量を意識することが大切です。食事のたびに、「プラス一皿分の野菜をとろう」と心がけるだけでも改善につながるのではないでしょうか。食事に時間をかけられない人でも、「プラス一皿分」という目標なら、野菜ジュースなどで手軽に補えると思います。

十分な量の野菜をとることで、ビタミンやミネラル、食物繊維をバランスよくとることができます。このキャッチコピーが、皆さんの健康的な食習慣をつける手助けになればうれしいです。

問題文

以上で、プレゼンテーションは終わりです。それでは、問題です。

(1) 南市の調査結果によれば、十分な量の野菜を食べている人は、全体の何パーセントでしたか。

(2) 小林さんはクラスの意識調査で、「野菜を一日に何皿分食べるのが適量だと思うか」について調べていました。その結果を説明するために作ったグラフとして正しいものを、解答欄の**ア・イ・ウ**から一つ選び、記号で答えなさい。

(3) 小林さんは、十分な量の野菜を食べている人が少ない背景には、どのような問題があると話していましたか。二つ書きなさい。

(4) 小林さんが提案したキャッチコピーを、解答欄にあてはまるように書きなさい。

解答文 □ の野菜。

(5) 小林さんは、このプレゼンテーションでどのような工夫をしていましたか。あてはまるものを次の**ア・イ・ウ・エ**から一つ選び、記号で答えなさい。

ア 異なる立場の意見をあえて検討することで、自分の主張に客観性をもたせていた。

イ 調べてわかったことや結果をまとめたグラフを的確に示して、問題点をわかりやすく伝えていた。

ウ クラスで行った意識調査について、具体的な数値はあげずに結論だけをわかりやすく述べていた。

エ 自分の個人的なエピソードをふんだんに盛り込むことで、聞き手に親しみやすいプレゼンテーションにしていた。

これで、聞き取り問題を終わります。

プラスワーク　聞き取り問題② （グループディスカッション）

119ページ

〔解答の漢字や片仮名の部分は、平仮名で書いてもかまわない。〕

(1) 例 どちらがより読書を楽しめるか
(2) 例 紙の手触り（を楽しめること）。
(3) 例 保管するのに場所を取ること。
(4) 例 友達と感想を言い合うこと。
(5) ア

解説

(1) テーマは、司会がはじめに示すので、落とさずメモを取るようにする。

(3) 内田さんの意見の要点を捉える。「紙の本のデメリットとして、保管するのに場所を取る、ということがある」と述べている。

(4) 森本さんは、「友達と感想を言い合うのは読書の大きな楽しみだ」と述べている。

(5) **司会はそれぞれの発言内容を簡潔にまとめ、次の発言者に発言を促すことで、議論を進めやすくしていた。**よって**ア**が正解。**イ**は「自分でも積極的に意見を述べることで」が、**ウ**は「時間を制限することで」が、**エ**は「発言内容の誤りをすぐに指摘することで」がそれぞれ誤り。

放送文

それでは、聞き取り問題を始めます。

これから、グループディスカッションの内容と、それについての問題を五問、放送します。放送は一回だけ行います。聞きながら、メモを取ってもかまいません。それでは、始めます。

司　会　これから「電子書籍と紙の本、どちらがより読書を楽しめるか」というテーマで、グループディスカッションを始めます。

司　会　それでは、まず内田さん、お願いします。

内田さん　はい。私は、電子書籍のほうが読書を楽しめると思います。電子書籍は持ち運ぶのに便利です。スマートフォンでちょっとした空き時間にも読むことができるので、読書がもっと身近になると思います。

司　会　内田さんの意見をまとめると、「電子書籍は持ち運びやすいので、読書がもっと身近になる」ということですね。では次に、西村さん、お願いします。

西村さん　私は、紙の本のほうがより読書を楽しめると思います。紙の本は、ページをめくるたびに紙の手触りを楽しめます。これは電子書籍にはない魅力だと思うからです。

司　会　西村さんの意見をまとめると、「手触りを楽しめるのが紙の本ならではの魅力」ということですね。内田さんはどう思いますか？

内田さん　西村さんが言うように、紙の本ならではの手触りは、電子書籍にはないよさですね。ただ、紙の本のデメリットとして、保管するのに場所を取る、ということがあると思います。電子書籍なら本の保管場所を気にしなくていいので、本選びの幅が広がるのではないでしょうか。

司　会　なるほど。電子書籍のもう一つのよさとして、「本の保管場所を気にしなくてよい」という点が挙げられました。ほかに意見のある人はいますか。はい、森本さん。

森本さん　私も西村さんと同じで、紙の本のほうが読書を楽しめると思います。紙の本なら、友達と気軽に貸し借りができます。友達と感想を言い合うのは読書の大きな楽しみだと思います。また、内田さんは、紙の本は保管するのに場所を取ると言いましたが、私は積極的に友達に本を貸したりあげたりするので、保管に困ると思ったことはあまりないです。

内田さん　内田です。それは森本さんがそう思うだけで、全員に当てはまることではないと思います。

司　会　ほかの人はどう思いますか？　はい、西村さん。

西村さん　確かに、森本さんの意見は誰にでも当てはまることではないかもしれません。でも、友達と楽しみを共有しやすいという意味では、電子書籍よりも紙の本のほうが勝っていると思います。

問題文

以上でグループディスカッションは終わりです。

それでは、問題です。

(1)　グループディスカッションのテーマは何ですか。解答欄にあてはまる言葉を書きなさい。

解答文　電子書籍と紙の本の［　　］。

(2)　西村さんは、紙の本の魅力としてどのようなことをあげましたか。

(3)　内田さんがあげた、紙の本のデメリットとは何ですか。

(4)　森本さんは、読書の楽しみとしてどのようなことをあげましたか。

(5)　このグループディスカッションでは、司会はどのような役割を果たしていましたか。あてはまるものを次の**ア・イ・ウ・エ**から一つ選び、記号で答えなさい。

ア　発言者の意見を簡潔にまとめることで、議論を進めやすくしていた。

イ　自分でも積極的に意見を述べることで、発言しやすい雰囲気を作っていた。

ウ　時間を制限することで、全ての参加者が発言できるようにしていた。

エ　発言内容の誤りをすぐに指摘することで、その場に緊張感をもたせていた。

これで、聞き取り問題を終わります。

定期テスト対策 得点アップ！予想問題

1 セミロングホームルーム　122ページ

1 イ
2 例瀬尾くんの左肩にセミが止まっていることに気づいているという点。
3 図太い・鈍感
4 例瀬尾くんが手を伸ばしてもセミはおとなしく止まったままだったので、ほっとする気持ち。

解説

1 学級委員から「冷静かつ絶妙な」「切り返し」をされたので、次の言葉を発することができず、ばつの悪い思いをしているのである。
2 二〜三行めに「黒岩先生は……早くもセミに気がついたらしい」とある。
4 瀬尾くんが右手を伸ばして左肩のあたりを触った→「ひゅっ。」と息をのんだ（まずい！セミが鳴き出すかもしれない）→けれど、セミはおとなしく止まっている→「ふううっ。」とため息（よかった。ほっとした）、という流れをつかむ。

2 人間は他の星に住むことができるのか　123ページ

1 例地球から最も近い天体で、人間が既に到達したことがある点。
2 例大気がないと、その星の温度が急激に上下して、安定しないから。
3 例重力の変化による体の負担がほとんどない点。
4 イ・エ〔順不同〕

解説

1 直後に、利点と考えられる点が述べられている。
2 直前に「大気がないと」星がどのような状態になるかが説明されている。
3 同じ段落の最後に「もし人間が金星に住んでも、……負担はほとんどない」とある。
4 「厳しい環境」とは直前の「表面温度が……なります」を受けているが、このような環境になる理由がその前に説明されている。

3 短歌の世界／短歌十首　124ページ

1 A・B・H〔順不同〕
2 Ⅰ…D　Ⅱ…B・F〔順不同〕　Ⅲ…G
3 ①C　②B　③H　④E　⑤A　⑥G　⑦F　⑧D

解説

1 Aの「あたたかさ」、Bの「一生」、Hの「顕微鏡」が名詞である。
2 句切れは意味や調子が切れる部分のこと。なお、Hは四句切れ。
3 ①「二尺伸びたる薔薇の芽」からみずみずしい生命力が感じられるのでC。②Bの「君には一日」「我には一生」という対比に着目する。③「新しい発見」は、Hの「奇妙な構造」である。④Eの「一目見ん一目みんとぞ」という言葉の反復に着目。⑤会話が取り入れられているのはA。⑥Gの「シャボンまみれの猫が逃げだす」というユーモラスな光景に着目。⑦Fの「白鳥」の「白」と「空の青海のあを」の「青」との対比に着目。⑧字余りの初句や「の」の繰り返しがあるのはD。

4 壁に残された伝言　125ページ

1 イ
2 例1彼らは伝言を書いた人の家族など、関係者だったから。
例2伝言が書かれた当時の具体的な事情を知っているから。
3 エ

4 例原爆の直後の「あの日」のことを決して忘れず、後世に伝えていかなくてはならないという思い。

解説

1 直後の「……迫力は感じた。だが、」以降の内容に着目する。

2 伝言を書いた人の関係者なので、当時の事情や体験などを共有していたから読むことができたのである。

3 今までは単なる歴史的な遺産だった「伝言」だが、伝言を書いた人やその周辺の人々の様子が具体的になり始め、「あの日」のことがあふれるように出てきたと感じたのである。

4 戦争のない平和な世界を築くために、この連鎖を続けていきたいという筆者の願いを読み取る。

5 一〇〇年後の水を守る

126ページ

1 イ

2 例森林には、雨を受け止め、土壌に染み込ませ、ろ過し、地下水として蓄えるはたらきがあるから。

3 例使った水を繰り返して使う「再利用」の技術。

4 例行きすぎた人間の行動の結果として現れた問題。

解説

1 直後の文の「一つの住宅……効果があるからだ。」に注目する。地域全体でためれば膨大な量になるということをいっている。

2 「ダム」は水をためる（蓄える）施設。直後に、「(森林は) 雨を……地下水として蓄える」とある。つまり、「水をためる」という点では同じだということで、森林を「ダム」にたとえているのである。

4 直後に、「行きすぎた人間の行動が鏡に映ったものが、水問題である。」とある。「行きすぎた人間の行動」が「水問題」として表に現れたということ。

6 枕草子・徒然草（枕草子）

127ページ

1 清少納言

2 Aウ　Bア　Cイ

3 闇　4 (も) をかし　5 からす

6 例かりなどが列をつくっているのが、たいそう小さく見える様子。

7 さらなり　8 イ　9 昼になりて

解説

4 直後の文に「……もをかし」とあるので、前の文にも「をかし」と思える情景が描かれていることがわかる。

6 この部分を含む一文の内容を現代語訳する。かりの群れが列をつくって空高く飛んでいる様子についての感想である。

7 枕草子・徒然草（徒然草）

128ページ

1 随筆　2 兼好法師（別解吉田兼好）

3 ⓐむかいて　ⓑあやしゅう

4 ①イ　②ウ　③ア

5 (1) 例とりとめもなく　(2) エ　6 イ

解説

5 (1) 「そこはかとなし」は、どことなくはっきりしない様子を表す。

(2) 「あやし」は〝自分には理解しがたく異様に感じられる〟がもともとの意味。「ものぐるほし」は〝気が変になりそうだ〟がもともとの意味。

6 前半の「つれづれなるままに……そこはかとなく書きつくれば」の部分には、「徒然草」を書いたときの筆者の姿勢、後半の「あやしうこそものぐるほしけれ」には、そのときの筆者の心境が描かれている。

8 平家物語

129ページ

1 例軍勢がたくさんいる様子。

2 の　3 例さっさと　4 (熊谷) あまりにいとほしくて

5 例味方の軍勢が迫ってきているから。　6 イ

7 例敵の武将を助けたいと思いながらも討たなければならなかっ

たこと。

8 例繰り返し嘆いて

解説

1 「雲霞」は、雲と霞のことで、多くの人が群がり集まる様子をたとえていう。

2 この「が」は「我が家」の「が」と同じ連体修飾語を示す。「の」に置き換えられる。

4 直前の「あまりにいとほしくて」に着目。本当は助けたいのである。

6 前の熊谷の言葉に「同じくは、直実が手に……御孝養をこそつかまつり候はめ」とある。助けられないならせめて自分の手で討ち取って供養しようと思ったのである。

7 「憂きめ」は、「つらいめ」という意味。「かかる（＝このような）」はこれ以前の内容を指す。したがって、熊谷にとってつらい内容を前の部分から読み取ってまとめる。

9 漢詩の世界

130ページ

1 A 李白　B 杜甫
2 A 七言絶句　B 五言律詩
3 A 楼・州・流　B 深・心・金・簪
4 故人西辞黄鶴楼
5 孤帆　6 イ　7 家書万金に抵る
8 A ウ　B ア

解説

3 七言詩では第一句と偶数句末に、五言詩では偶数句末に押韻する。

6 「恨む」は、悲しみ嘆くという意味。

8 Aは、作者が友人の乗った舟が見えなくなるまで見送っていることから、友との別れをうたった漢詩だとわかる。Bは戦乱で破壊された都で作られた漢詩で、前半では移り変わる人の世と変わらない自然とを対比させての感慨、後半では望郷の思いと老いる我が身に対する嘆きがうたわれている。

10 小さな手袋

131ページ

1 例シホの祖父がなくなったということ。
2 ア
3 ウ

解説

1 「妻の父が二度めの脳卒中の発作を起こした」ため、先に行った「妻からの知らせ」を受けて列車に乗ったことをおさえる。そしてシホは祖父との「別れのための儀式」に参列したことに着目する。

2 祖父とおばあさんの共通点を考える。幼いときから親しんだ祖父の死は衝撃的で、おばあさんに会うと祖父の死のことを思い出してしまいそうなので、雑木林へは行かなくなったことを捉える。

3 シホが祖父の死で受けた衝撃を見て「私」は痛々しく感じている。だから、心の傷がいえるまでそっとしておこうと思ったのである。

11 動物園でできること

132ページ

1 一回の潜水～ルを超える　2 その動物が～ころがある
3 イ　4 例なんの脚色もない、ただ歩く姿。

解説

1 海中に潜ることについては、次の一文にしか説明されていないので、ここをおさえる。

2 直前の一文から、その動物が大人であっても、人間よりも幼いもの、か弱いものとして見ている、と、見方を具体的に述べている部分をおさえる。

3 直前に、「けれども、そのすごさやたくましさを知ると」とある。

4 動物園では「なんの脚色もせず、ただ彼らが歩く姿を見てもらう散歩」を行っており、その野生のままの姿を多くの人が見て楽しんでいる。

12 走れメロス

133ページ

1 義務遂行の希望・（わが身を殺して、）名誉を守る希望〔順不同〕

2 エ
3 例（友の）信頼に報いなければならないこと。
4 例清水を飲んだこと。
5 真の勇者・正直な男〔順不同〕

解説

2 悪い夢から覚めたところであることをおさえる。斜陽の赤い光の輝きは、改めて刑場へ向かおうとするメロスの燃えるような意志を反映している。

4 「肉体の疲労回復」をもたらしたのは、清水を飲んだことである。

5 自分の命よりも約束を守ることを優先させる人物を表す言葉である。

13 ポテト・スープが大好きな猫

134ページ

1 例お礼なんていらない
2 ア
3 (1) 例猫に対する愛情を態度で示すようになった。
(2) ウ

解説

1 猫はおじいさんのために魚を捕まえてきたわけではない。だからお礼を言われても、そんな筋合いはないというのである。

2 ポテト・スープは猫の大好物である。おじいさんがそれを作るのは猫を喜ばせたいからである。口笛を吹くのは喜びの表れといえる。

3 (1) 猫を見て安心する様子が、はっきりわかるようになったのである。おじいさんが自分の気持ちに素直になったことをおさえる。
(2) 猫がいない生活を経験したおじいさんは、猫を気に入っているそぶりをかくすことをやめたのである。

14 むさぼり

135ページ

1 ウ
2 饗宴
3 私は肩肉に
4 イ

解説

1 「きょとんとしている」は、モンテフェルトロ公に大声で呼びたてられ、何事かと思って来たのに、部屋には何もなかったので、状況が理解できず当惑している近習たちの様子を表す。

3 「むさぼる」は、ここでは「がつがつと飲み食いする」という意味であることをおさえる。

4 はじめは近習たちにも饗宴にあずからせようとしたが、呼べば饗宴が消えると思い、それからは自分だけで饗宴を独占していた。そんな自分を我ながらあさましく欲深い人物だと悟ったのである。

15 那須与一――「平家物語」より

136ページ

1 (1) 例黒革おどしの鎧を着て、白柄の長刀を持っていた。
(2) 例与一が扇の的を射たのがおもしろく、感に堪えなかったから。
2 (1) 例伊勢三郎義盛が（那須）与一に言った（言葉）。
(2) 例舞を舞っている男を矢で射ろという命令。
3 ウ

解説

2 (2) 「御定」というのは、義経からの命令であり、命令を伝えられたあとの与一の行動に注目すると、命令の内容がわかる。

3 「情けなし。」とは、「心ないことだ。」という意味。敵味方関係なく、与一の弓の腕前に感心して舞を舞った男を矢で射た与一の行動を非難する言葉である。

6 5 4 3 2 1
D C B A

教科書ワーク 国語 特別ふろく②

定期テスト対策に!

聞き取り問題

こちらにアクセスして，ご利用ください。
https://www.kyokashowork.jp/ja11.html

- 自宅学習でも取り組みやすいよう，放送文を簡単に聞くことができます。
- 学年ごとに最適な学習内容を厳選しました。

（1年:スピーチ・会話／2年:プレゼンテーション・ディスカッション／3年:話し合い・ディスカッション）

- 聞き取り問題を解くうえで気をつけたいポイント解説も充実。

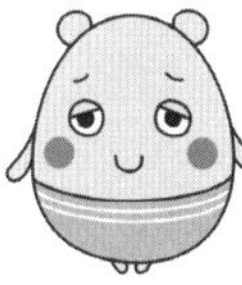

放送文の内容も
すべて掲載で
確かめやすい！

放送文を聞きながら
書き込めるメモ欄

▼本冊

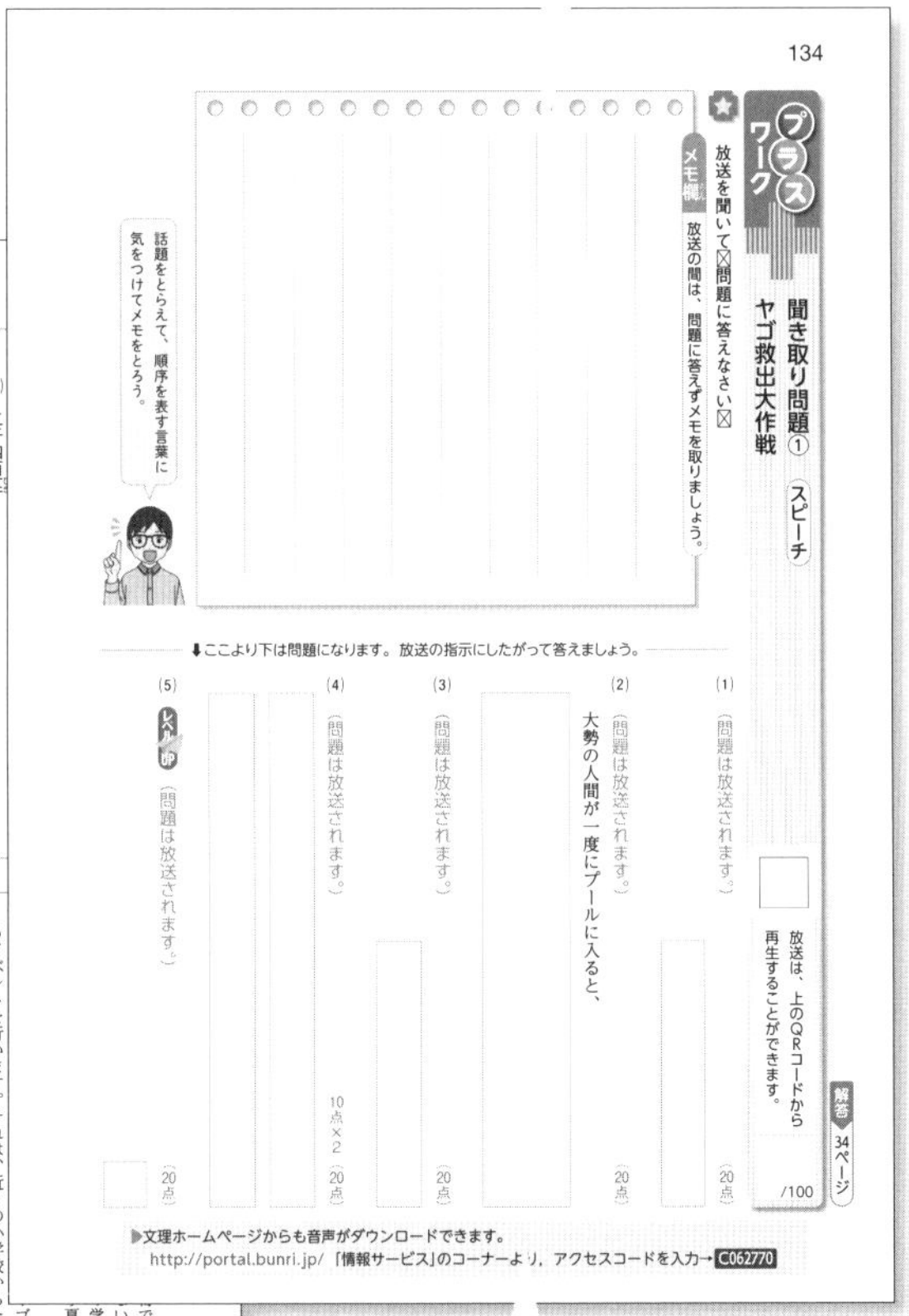

▼解答解説

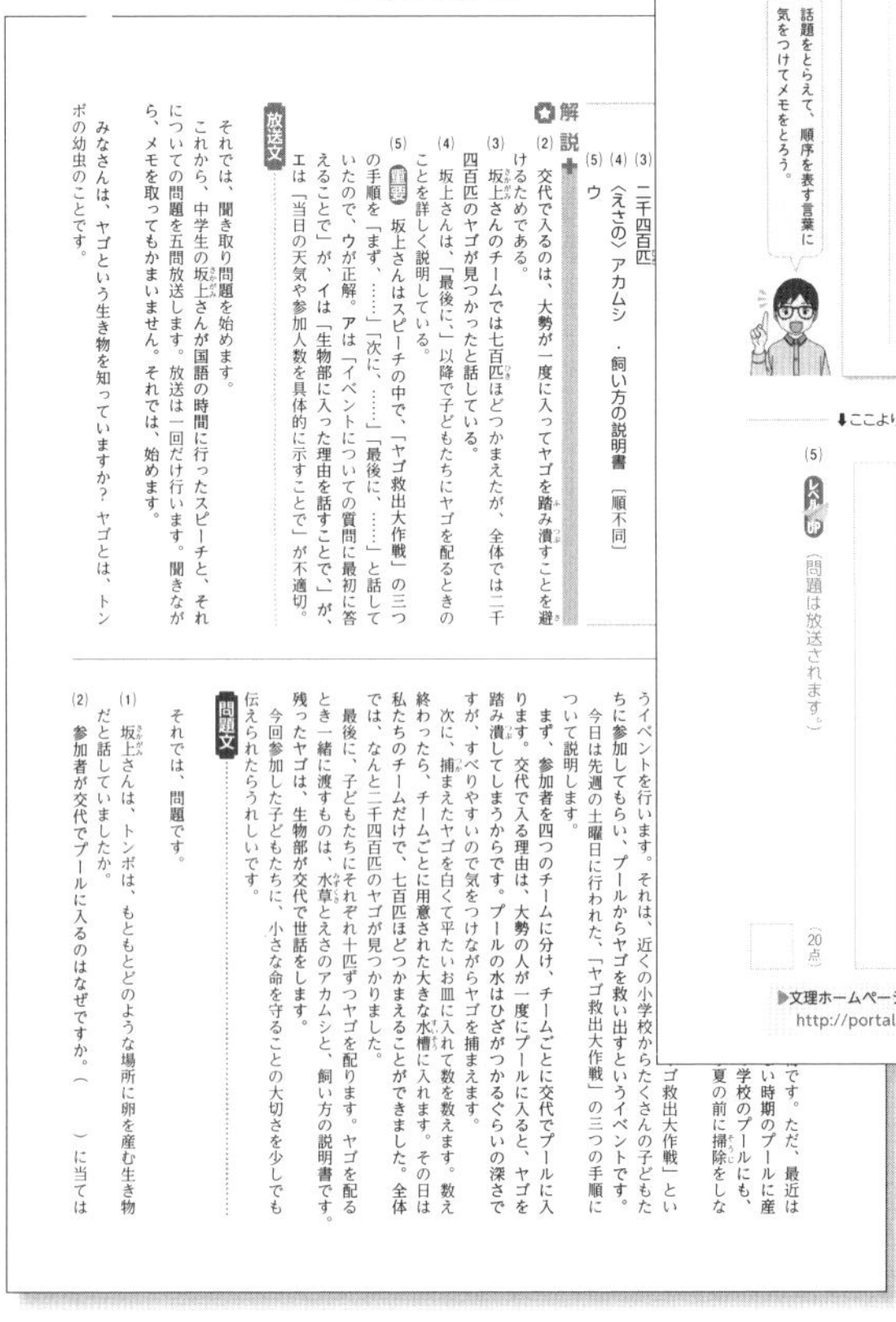

設問は音声で
聞き取って
解くタイプだよ。